애니메이션으로 보는 일본

소녀와 마녀 사이

차례
Contents

7개의 코드로 만나는 일본

일본의 전통문화는 다양한 이미지의 보고(寶庫)입니다. 즉, 이야기, 전승, 행사, 신도, 주술 등 일본의 민속적 공간들은 참으로 풍부하고 독특한 원천입니다. 그런데 오늘날 일본아이들은 하이테크에 둘러싸인 채 뿌리를 잃어버리고 있습니다. 우리는 그 아이들이 얼마나 풍요로운 전통을 가지고 있는지를 전해 주어야 합니다. 이를 위해서는 전통적 사유를 현대적인 이야기로 재구성해서 멋지게 모자이크함으로써 영화의 세계에 신선한 설득력을 부여해야 합니다.

— 미야자키 하야오,
「센과 치히로의 행방불명」 홍보팜플렛 중

이 말대로라면 우리는 미야자키 하야오[宮崎駿]의 애니메이션(이하 애니로 축약)을 통해 일본문화의 깊이를 읽어낼 수 있으리라고 기대됩니다. 본서에서는 소녀, 숲, 가미고로시, 자연, 가미가쿠시, 판타지, 마녀라는 7개의 코드를 중심으로 미야자키 애니의 세계로 들어가 보고자 합니다. 거기서 여러분은 다양한 빛깔과 형태의 일본을 만나게 될 것입니다.

소녀, 에로스를 넘어선 투명한 여인

소녀는 누구인가

일본문화의 중요한 특질 가운데 하나로, 사물을 정형화시켜 하나의 틀 안에 수렴시키려는 형식미의 경향을 들 수 있습니다. 일군의 복합적인 현상을 특정한 장르나 범주로 유형화하여 분류하기 좋아하는 일본인의 습성도 그런 경향에 속한다고 볼 수 있겠지요. 가령 오늘날 일본에는 이른바 '소녀문화'라는 범주가 통용되고 있습니다. 실제로 일본만화나 애니 및 영화라든가 음악에는 소녀캐릭터들이 넘쳐흐릅니다. 이런 소녀문화는 갈수록 현대 일본사회 전반에 걸쳐 널리 침투하고 있습니다.

"소녀는 누구인가?" 미야자키 애니를 볼 때마다 이런 의문이 떠오릅니다. 막연한 노스탤지어, 성적으로 미숙하면서도 청초한 에로티시즘, 귀여운 상품을 구매하는 소비취향, 아이도 아니고 어른도 아니며, 남자도 아니고 여자(성숙한 여인)도 아닌 어떤 중간적인 존재양식…… 요컨대 소녀는 틈새의 존재입니다. 그 틈새는 매우 미세하고 애매하고 불투명하면서 어딘가 모르게 신비롭기도 합니다. 소녀문화가 일본인의 마음을 사로잡는 이유는 어쩌면 소녀가 내포하는 이와 같은 틈새의 공간 때문일지도 모릅니다. 그 틈새는 특히 조밀한 틀의 네트워크 문화 속에 갇혀 옴짝달싹할 수 없는 일본 남성들에게 자유의 공간으로 다가서는 듯싶습니다. 게다가 일본인의 심성을 색깔에 빗댄다면 유화적 원색과 원색 사이의 틈새에 존재하는 파스텔풍 색채에 가깝다고 느껴지는데(미야자키 애니의 그림 채색 또한 「원령공주」를 제외하고는 다 파스텔풍이다), 그런 일본인들의 틈새에 대한 감수성은 분명 남다른 구석이 있을 법합니다.

미야자키 애니에도 소녀 캐릭터들이 많이 등장합니다. 가령 「미래소년 코난(未來少年コナン)」(1978)의 라나, 「루팡3세 카리오스트로의 성(ルパン三世 カリオストロの城)」(1979)의 크라리스, 「바람계곡의 나우시카(風の谷のナウシカ)」(1984)의 나우시카, 「천공의 성 라퓨타(天空の城ラピュタ)」(1986)의 시타, 「이웃의 토토로(となりのトトロ)」(1988)의 사츠키와 메이, 「마녀 배달부 키키(魔女の宅急便)」(1989)의 키키, 「원령공주(もののけ姫)」(1997)의 산, 「센과 치히로의 행방불명(千と千

尋の神隠し)」(2002)의 치히로 등, 대부분의 미야자키 애니에는 다양한 유형의 소녀들이 주인공으로 나오거나 혹은 중요한 역할을 담당하고 있습니다. 물론 방금 언급했듯이, 일본 애니에서 소녀 캐릭터들이 주인공으로 설정되는 것은 매우 일반적인 특징입니다. 유명한 「미소녀 전사 세일러문」 시리즈처럼 말이죠. 그러니 소녀들이 많이 등장한다는 사실만 가지고는 미야자키 애니가 특별히 유별나다고 말할 수 없을 겁니다. 그것보다는 미야자키 애니의 소녀 캐릭터들이 가지는 독특한 성격에 주목해 볼 필요가 있습니다. 잠시 이 점에 대해 살펴보기로 하지요.

우선 「미소녀 전사 세일러문」 소녀들의 이미지는 얼굴은 앳되지만 성숙하고 섹시하며 친구라든가 일상생활을 지키기 위해 싸우는 데 비해, 미야자키 애니에 나오는 소박한 이미지의 소녀들은 종종 정의라든가 세계를 지킨다든지 혹은 인류를 구한다는 거창한 목적을 위해 싸웁니다. 예컨대 나우시카는 자기희생적인 인류의 구제자로 묘사되고 산은 숲을 파괴하는 인간들과 맞서 싸우는 여전사로 그려지고 있습니다. 흔히 소녀시대 하면 아기자기하고 일상적인 것에 세심한 주의와 애정을 기울이는 시기이지만, 미야자키 감독은 이런 소녀들에게 철학적, 종교적, 이데올로기적인 사명을 부여한 것입니다. 그래서 미야자키 애니에는 여성적이고 모성애적인 부드러운 공감과 남성적인 강인함 그리고 자주성을 겸비한, 다시 말해 이상적인 소녀의 이미지가 자주 등장합니다. 이런 소녀 아이덴티티(identity)는 실은 일본사회에 매우 이질적인 특이점으로 존재합니다. 그럼에도 불구하고 미야자키 애니의 소녀 캐릭터들이 일본인들 사이에서 폭발적인 인기를 끌어 모았던 것은 무엇 때문일까요? 이런 물음에 대한 해답의 실마리를 얻기 위해 우리는 현대일본사회의 한 단면을 들여다볼 필요가 있습니다.

오타쿠와 미야자키 애니

잘 아시다시피 얼마 전까지만 해도 일본사회에는 '오타쿠'라는 유행어가 나돌았지요. 이와 더불어 이른바 '오타쿠 애니'라는 장르도 생겨났습니다.

> 오타쿠(オタク): 대인관계에는 대단히 미숙하며 특정한 분야나 취미에 극단적으로 몰입함으로써 폐쇄적인 자기만의 세계를 추구하는 족속을 가리키는 말로서, 70년대 중반 이후 일본사회에서 널리 언급되어 왔다.

여기서 우리는 이런 오타쿠적 애니의 목록 중에 미야자키 애니가 포함되어 있었다는 점에 주목하지 않을 수 없습니다. 사실 미야자키 애니의 속을 깊이 파헤쳐 보면 오타쿠적 요소가 적지 않게 발견됩니다. 가령 한 때 로리콘(로리타 콤플렉스를 줄인 조어로서 어린 소녀에게 열중하는 오타쿠를 가리키는 말)

의 대명사였던 「루팡3세 카리오스트로의 성」(1979)의 여주인
공 크라리스는 풍만한 가슴과 성숙한 육체에 순수하고 순진한
백치미의 영혼을 가진 소녀상으로 묘사되었는데, 이는 일본남
성들의 이상적인 소녀상이라 할 수 있습니다. 아마 이런 이상
적인 소녀상에 끌리지 않는 남자는 없을 겁니다. 그러나 일본
남성들의 소녀 취향에는 유별난 구석이 있습니다. 좀 특수한
사례이긴 하지만 일본의 AV(성인용 비디오)나 포르노 애니에
서 가장 인기 있는 장르가 이른바 미소녀계라는 사실도 이 점
을 잘 보여 줍니다.

그렇다면 일본남성들의 이와 같은 유별난 소녀취향이 내포
하는 사회적 의미는 무엇일까요? 이 물음을 규명하기에 앞서
먼저 미야자키 애니와 오타쿠 애니의 관계에 대해 좀 더 생각
해 봅시다. 엄밀히 말해 '미소녀계'라는 용어가 일본사회에 등
장한 것은 1990년대 이후의 일입니다. 1980년대까지만 해도
미소녀 하면 '로리타(어린 소녀)'를 의미했었으니까요. 그러다
가 1990년대 이후에는 '미소녀계'라는 용어가 로리타를 포함
하는 더 큰 범주로 쓰이게 되었습니다.

이런 변화의 배후에는 한 엽기적 사건이 있었습니다. 1989
년 여름에 일어난 '유아연쇄 살인사건'이 그것이지요. 미야자
키 츠토무[宮崎勤]라는 용의자가 체포되었을 때 그의 방에서
엄청난 분량의 오타쿠적 비디오가 발견되었는데, 사람들은 그
중에 미야자키 감독의 작품이 다수 끼어있었다는 사실에 놀라
지 않을 수 없었습니다. 그뿐만이 아닙니다. 용의자는 다른 비

디오와는 달리 미야자키 작품에만 특별히 「미야자키 감독님의 바람계곡의 나우시카」「미야자키 감독님의 이웃의 토토로」식으로 일일이 라벨을 붙여 놓았다고 합니다. 단순히 자기와 성이 같다고 해서 그런 건 아닐 테지요 이 엽기적인 용의자는 실제로 미야자키 애니의 영향을 받았던 듯싶습니다. 확실히 미야자키 애니의 미소녀들은 남자들의 마음을 사로잡는 특이한 마력을 지니고 있음에 분명합니다. 사실 미야자키 감독은 「바람계곡의 나우시카」(1984) 이전까지만 해도 로리콘을 포함한 오타쿠들에게 가장 인기 있는 작가 중의 한 사람이었는데, 그러다가 「천공의 성 라퓨타」(1986) 이후 미야자키 하야오는 오타쿠들보다는 일반인들 사이에서 '애니 작가'로서 굳건히 자리잡게 됩니다.

어쨌거나 이 사건 이후 일본사회에는 로리콘이라는 용어가 금기시되었지요. 그 대신 '미소녀계'라는 용어가 대신 등장하게 되었습니다. 1989년에서 1990년에 걸쳐 미소녀계 코믹만화 잡지의 창간이 줄을 이었는데, 거기서도 로리타라는 용어는 일체 쓰이지 않게 되었습니다. 로리타에서 미소녀로의 이와 같은 변화는 매우 상징적입니다.

이제는 일본 남성들의 소녀취향이 어떤 사회문화적 의미를 내포하는지에 대해 생각해 볼 차례입니다. 가령 나우시카라는 캐릭터는 소녀이미지에 있어 전술한 「루팡 3세-가리오스트로의 성」의 여주인공 크라리스를 극대화시킨 측면이 있습니다. 나우시카의 소녀이미지에서 남자들은 정신과 육체의 미묘한

언밸런스를 느끼고 그런 괴리 안에서 신비로운 에로티시즘을 추구할지도 모릅니다. 영원의 소녀상이라고나 할까요. 물론 남자들이 그런 이상적인 소녀상에서 강렬한 에로티시즘이나 수동적인 성적 존재를 느낀다는 것 자체에 대해 시비를 걸 생각은 없습니다. 여기서의 관심은 소녀라는 애니코드를 통해 사회문화의 한 단면을 읽고자 하는 데에 있으니까요. 일본의 여성학 연구자 무라세 히로미[村瀬ひろみ]에 의하면, 이상적인 소녀상은 근대 일본의 이데올로기가 강요한 것이며 그것이 미야자키 애니의 여주인공으로 나타났다고 합니다. 이 소녀주인공들은 성의 어두운 그림자에 대해서는 전혀 무지하고 자신의 성적 매력에 대해서도 아무런 자각이 없습니다. 로리콘들은 바로 이런 순진무구한 소녀들을 상상 속에서 자기 마음대로 가지고 놀고 싶어한다는 거지요. 또한 유명한 「기동전사 건담」의 감독 도미노 요시유키[富野由悠季]도 미야자키 하야오 같은 천재적인 작가가 아무런 자각 없이 소녀주인공들을 양산해 왔다고 비판한 적이 있었지요.

'영원의 소녀'에서 '진화하는 소녀'로

하지만 미야자키 감독이 소녀주인공의 창조에 있어 전혀 무자각적이었던 것은 아니라고 생각됩니다. 무엇보다 1980년대 중반부터 미야자키 애니의 소녀주인공들이 오타쿠 업계로부터 급격히 퇴조했다는 사실이 이 점을 입증해 줍니다. 이 시기는 미야자키 감독이 이상적 소녀상을 그대로 묘사하는 것에 의문을 품고 새로운 유형의 소녀상을 모색하기 시작한 시점과 일치합니다. 실제로 「천공의 성 라퓨타」(1986)의 시타 이래 「하울의 움직이는 성」(2004)의 소피에 이르기까지 미야자키 애니의 소녀 캐릭터들은 정신적, 육체적으로 성장하는 소녀, 진화하는 소녀상으로 바뀌어 왔습니다. 즉, 미야자키 애니의 소녀들은 이제 더 이상 크라리스나 나우시카 같은 '영원의 소녀상'이 아니라는 뜻이지요. 가령 사츠키와 메이(「이웃의 토토로」)는 숲의 정령 토토로와의 만남을 계기로 엄마와 떨어져 자라온 아이의 외로움을 극복해 나갔으며, 키키(「마녀 배달부 키키」)는 도시 여성의 강인한 자립성과 생명력을 보여 주었고, 산(「원령공주」)은 아시타카와의 사랑을 통해 공격적인 증오심을 극복할 만한 가능성에 대해 마음의 문을 열었습니다. 또한 치히로(「센과 치히로의 행방불명」)는 기이한 온천여관에서의 노동을 통해 스스로의 힘으로 자기정체성을 회복하는가 하면, 소피(「하울의 움직이는 성」)는 마법에 의해 할머니로 변신되었음에도 불구하고 오히려 하울에 대한 사랑으로써 소녀기의 권태와 무기력을 극복해 갑니다.

그럼으로써 나우시카에서 정점을 보였던, 정신과 육체의 언밸런스가 특징인 이상적 소녀상이 이제는 성장하는 소녀상으로 자리잡게 된 것이지요. 이 점에서 미야자키 애니는 사춘기의 딸을 둔 부모들에게 자녀와 함께 볼 것을 적극 추천할 만한 것이라 여겨집니다. 근래에 개봉된 「하울의 움직이는 성」

에서는 미야자키 애니 최초의 누드신이 등장합니다만, 그 밖의 다른 작품에서 미야자키 감독은 소녀주인공의 누드를 묘사하는 데에 강한 저항감을 가지고 오로지 소녀의 정신적 측면에 의식적으로 집중했다는 점도 소녀주인공의 창출에 있어 그가 지녔던 자각적 측면을 보여 줍니다.

이쯤 해서 미야자키 애니의 소녀캐릭터에서 읽어낼 수 있는 일본의 사회문화적 맥락에 대해 언급하지 않을 수 없습니다. 이는 "왜 하필이면 소녀인가?" "미야자키 애니에 있어 이상적인 '영원의 소녀'에서 '진화하는 소녀'로의 전환은 무엇을 의미하는가?" 하는 물음과도 관계가 있습니다.

미야자키 애니를 잘 들여다보면, 우리는 그 소녀 주인공들에게 모친이 없거나, 있더라도 존재감이 희박하다는 사실을 알게 됩니다. 예컨대 나우시카의 모친은 회상장면에서 단 한 번만 등장할 뿐이며, 사츠키와 메이는 모친과 떨어져 생활합니다. 키키 또한 양친 슬하를 벗어나 도시로 떠나고, 산은 아예 부모로부터 버림받은 아이로 설정되어 나옵니다. 소피의 모친 또한 두 번째 남편을 위해 딸을 배반하는 무정한 모친으로 묘사됩니다.

모성과 소녀 주인공들과의 이와 같은 거리는 미야자키 감독 자신의 성장환경과 무관하지 않은 듯싶습니다. 어린 시절에 그의 모친은 줄곧 병상에 누워 있었고, 마침내 1982년에 작고했다고 합니다. 이런 경험이 미야자키 애니 속에서 모성의 부재로 나타나는 것이 아닐까 여겨집니다. 여기서 우리는 미야자키 애니에 있어 모성의 부재가 실은 모성추구의 한 형식이라는 점을 간과해서는 안 됩니다. 혹 미야자키는 소녀라는 우회로를 통해 모성을 추구했던 것은 아닐까요? 그러니까 미야자키 애니의 소녀 취향은 일종의 대리모성 추구라는 해석이 가능하리라는 말이지요.

모성사회 일본의 병리

이처럼 미야자키 애니의 소녀 캐릭터와 모성을 연관시켜 볼 때, 우리는 그 소녀들이 보여주는 구원의 여성상(대표적으로 나우시카)이라든가 대지모신으로서의 자연에 대한 강력한 친화성(대표적으로 산)을 보다 잘 이해할 수 있게 됩니다. 여기서 한걸음 더 나아가 우리는 그 배후에서 모성사회로서의 일본 혹은 여성원리가 지배적인 일본문화의 특징을 엿볼 수도 있습니다. 그러나 일본문화는 『겐지모노가타리(原氏物語)』로 표상되는 섬세하고 자연친화적인 여성성이 두드러집니다만, 다른 한편으로는 예로부터 남성적인 '무(武)의 문화'가 지배적인 측면도 있으므로 일본문화가 단순히 여성적인 문화라고 단정지어 말하기 어려운 부분도 있습니다.

겐지모노가타리: 11세기초 헤이안[平安]시대 중엽의 궁녀 무라사키 시키부[紫式部]가 쓴 총 54첩의 장편소설. 겐지

[原氏]라는 황자의 애정편력을 중심으로 남녀간의 미묘한
감정의 복선이 섬세한 필치로 묘사되어 있다.

이에 비해 일본사회의 모성성은 보다 분명하게 주장되기
도 합니다. 예컨대 가와이 하야오[河合隼雄]라는 꽤 유명한
융(Jung)학파 심리학자가 있는데, 그가 쓴 「모성사회 일본의
병리」(1976)를 보면 일본사회는 일차적으로 모성원리의 지배
를 받는 사회라고 합니다. 이 때의 모성원리는 '포함하는' 기
능으로 특징지어집니다. 부성원리가 모든 것을 구별하고 절단
하려 든다면, 모성원리는 좋은 것이든 나쁜 것이든 모든 것을
끌어안으려 한다는 것이지요. 이와 같은 모성원리에 기초한
사회에서는 어머니(일본이라는 집단) 슬하의 장(場) 안에 있는
모든 자녀들(일본인)에게 절대적인 평등성을 부여합니다. 이를
'장의 원리'라고 할 수 있다면, 부성원리는 개인에게 높은 가
치를 부여하는 '개(個)의 원리'라 할 수 있겠지요. 야스쿠니신
사 참배 문제라든가 역사교과서 왜곡문제 등으로 여전히 시끄
러운 오늘날의 동아시아 정세와 관련하여 종종 전쟁책임에 대
한 일본국가의 무책임성이 지적되곤 하는데, 이는 일본인이
개인의 책임과 집단의 책임을 혼동하는 데에서 비롯된 것일지
도 모릅니다. 실제로 여론조사의 통계결과는 많은 일본인들이
가해자라기보다는 오히려 피해자 의식을 가지고 있는 것으로
나옵니다. 게다가 이와 같은 장의 원리에서는 그 장에 속해 있

15

느냐 아니냐가 윤리적 판단의 일차적 기준이 되기 십상입니다. 거기서는 선악의 문제라든가 옳고 그름의 문제는 종종 2차적인 문제로 밀려나게 되지요.

이런 장의 원리 및 그 토대를 이루는 모성원리는 이른바 '아마에[甘え]'라는 특이한 심리구조에 입각한 일본적인 인간관계를 낳았습니다. 정신의학자 도이 다케오[土居健郎]는 「아마에의 구조」(1971)에서 이 아마에를 "남에게 의지하고 싶은 욕구"라고 정의내리고 있습니다. 이는 특히 모친에 대한 자녀들의 의존적 심리가 너무 강한 나머지, 어른이 된 후에도 심리적으로 모친과의 분리가 곤란한 일본적 현상을 가리킵니다. 일본의 사회적 규범에는 이와 같은 의존적 인간관계가 내면화되어 있다는 것이죠. 물론 이런 아마에의 심리는 다른 문화권에서도 찾아 볼 수 있습니다. 가령 우리나라의 '응석'이라든가 서양의 '마더보이(mother-boy)'라는 말도 어느 정도 아마에와 통하는 부분이 있습니다. 하지만 응석이나 마더보이의 문화현상이 주로 개인적 차원에 머무르는 데 비해, 아마에는 집단적 차원과 결부되어 있다는 점에서 차이가 있습니다. 앞서 언급한 가와이 하야오의 표현에 의하면, 개인보다는 집단적 가치가 우선시되고 아마에라든가 모성원리 혹은 장의 원리로 특정지어지는 일본사회는 '병리'라는 어두운 그림자를 안고 있습니다.

요컨대 미야자키 애니에 있어 모성의 대체물로 등장하는 소녀캐릭터들은 특히 일본남성들의 아마에 심리를 충족시켜 주는 측면이 있다고 보여 집니다. 이런 의미에서 미야자키 애니는 지극히 일본적인 문화현상이라고 말할 수 있겠습니다. 많은 평자들의 비판은 어찌 보면 미야자키 애니의 보편적 지향성을 인정하면서도 다른 한편으로 그런 보편성 추구의 이면에 여전히 드리워져 있는 일본적 특수성의 베일을 겨냥한 것일지도 모릅니다. 그럼에도 불구하고 미야자키 자신은 정작 일본사회의 병리를 누구보다도 예리하게 감지하는 인물이었습니다. 유럽지향적 성향이 강했던 그는 원래 "일본은 안돼" 혹은 "일본은 싫어"라는 태도를 견지해 왔던 지식인입니다. 그런 그가 근현대 일본 혹은 아시아적 분위기를 애니에 반영시키기 시작한 것은 「이웃의 토토로」부터이지 않았나 싶습니다.

어쨌거나 소녀라는 존재양식은 불투명하고 애매하지만, 미야자키 감독은 끈적끈적한 점액질의 에로스(eros)대신 투명하고 개성적인 소녀상을 창출하는 데 성공함으로써 특수성과 보편성의 공존을 통한 일본문화의 개조라는 비전을 제시해 왔다고 보여집니다. 미야자키 애니에 내포된 이중성, 즉 특수성과 보편성의 공존이라는 문제는 이하의 애니 코드에서 계속 구체적으로 다루어질 것입니다.

숲, 생명의 원천을 재건하다

미야자키 애니가 일본인들에게 감동을 주는 주된 이유 중의 하나는, 어떤 원초적 기억을 일깨워주기 때문입니다. 그것은 바로 숲의 기억입니다. 그 숲은 '역사라는 숲'을 걷고 또 걷다 보면 만나게 되는 신화적 숲이며, '인생이라는 숲'의 저 안쪽으로 들어가서 만나게 되는 신성한 숲입니다. "옛날 옛적에 이 나라는 울창한 숲으로 뒤덮여 있었고 그곳에는 태고적 신들이 살고 있었다." 이런 도입으로 시작되는 「원령공주」에서는 숲의 신 시시가미[シシ神]를 비롯한 여러 동물신들의 원초적 공간이 파노라마처럼 펼쳐집니다. 미야자키 감독은 이 영화를 찍기 위해 실제 일본에 존재하는 원시림을 모델로 삼아 면밀한 현장답사까지 했다고 합니다. 가령 시시가미의 숲

은 세계자연유산으로 지정된 야쿠시마[屋久島](큐슈 가고시마 현에 속한 섬)의 자연림을, 그리고 아시타카의 고향인 에미시 마을은 마찬가지로 세계자연유산인 시라카미[白神] 산지(아오모리현과 아키타현 사이에 위치)를 각각 모델로 삼아 묘사된 것입니다. 참고로 시시가미의 숲은 미야자키 감독이 읽은 나가오 사스케[中尾佐助]의 저서 내용(일본 농경의 기원 및 원시신도에 관한)을 토대로 삼은 것이라는 지적도 있습니다. 요컨대 시시가미의 숲은 나가오의 역사연구, 원시신도 신앙, 일본의 원시림, 미야자키 자신의 상상력이 합쳐져 만들어진 작품이라 할 수 있습니다.

숲, 천황제, 신사

그러나 당연한 말이지만 이 시시가미가 사는 숲 자체는 지도에 나오지 않는 일종의 가상공간으로, 다만 일본인의 마음속에 그림자처럼 존재할 따름입니다. 미야자키 감독에 의하면, 일본인은 그런 숲을 동경해 왔으며 천황제란 다름 아닌 그런 동경을 충족시켜 주는 역할을 해 왔다는 겁니다. 참 이상한 말이지요. 숲과 천황제가 도대체 어떻게 엮어질 수 있단 말일까요?

"신사(神社)를 더 많이 세우자!" 이 또한 미야자키 감독의 입에서 나온 말입니다. 그는 도쿄 시내 한복판에 위치한 메이지[明治]신궁의 사례를 들면서 도시 한가운데 그렇게 울창한 숲이 남아 있을 수 있는 건 신사 때문이고, 그러므로 지브리

스튜디오의 다음 사업은 신사를 세우는 일이라고까지 서슴지 않고 말한 적도 있습니다. 실제로 미야자키 감독은 메이지신궁의 숲을 산책하기를 좋아했다고 합니다.

숲과 천황제와 신사, 이 세 가지가 일본의 자연과 역사 속에서 운명적으로 얽혀 있다는 사실은 조금만 주의를 기울여 보면 쉽게 알 수 있습니다. 일본 신도의 성전이라 할 수 있는 신사는 원래 '모리(モリ)'라고 불렸는데, 이는 숲(森)을 뜻하는 말입니다. 우리가 산과 절을 떼어놓고 생각하지 않듯이, 일본인은 어릴 때부터 '신사'라 하면 숲을 연상하며 자라납니다. 실제로 일본 어디를 가더라도 우리는 숲에 둘러싸인 신사를 만나게 되지요. 일본의 신도(神道)에서도 신사문화는 분명 숲에서 태어난 종교문화입니다. 신사의 기원은 이 점을 잘 말해 줍니다. 사실 처음부터 신사라는 건물이 따로 존재했던 것은 아닙니다. 신사건축의 시작에 관해서는, 일본에 불교라는 외래종교가 들어오고 사찰들이 세워지면서 이에 자극받아 신도에서도 신사의 건물을 세우기 시작했다는 설도 있습니다.

그렇다면 오늘날과 같은 신사건물이 존재하기 이전에 신도의 신성공간은 어떤 것이었을까요? 고대 일본인들은 숲 속의 큰 나무나 바위 혹은 산 따위를 신이 깃들어 있는 신성공간으로 생각하여, 이런 원시적 신사를 히모로기[神籬] 혹은 이와사카[磐境]라 불렀습니다. 히모로기란 특히 신성지역에 상록수를 심고 울타리를 두른 곳을 가리키며, 이와사카는 큰 돌을 세워 원형 또는 방형으로 두른 곳을 말합니다. 이와 같은 원시신도의 관습이 발전되어 후대에 신사가 되었다고 하는데, 최초의 신사에는 우지가미[氏神], 즉 씨족의 조상신이 모셔졌습니다.

한편 역대 천황들은 어김없이 신도를 숭상해 왔습니다. 그도 그럴 것이 천황에게는 정기적으로 신도식 제사를 집전해야만 하는 의무가 주어져 있었기 때문이지요. 대표적으로 니나메사이[新嘗祭]라 불리는 일종의 추수감사제를 들 수 있습니다. 이는 천황이 햇곡식을 신들에게 바치고 그 자신도 시식을 하는 의례로서, 현재에는 매년 11월 23일에 행해지고 있습니다. 패전 후에는 이 날을 '근로감사의 날'이라 하여 국가적 축일로 삼고 있지요. 이런 니나메사이를 비롯하여 여러 신도식 의례가 황실을 중심으로 행해져 왔는데, 학자들은 이런 전통적 의례를 총칭하여 '황실신도'라고 부릅니다. 이에 비해 방금 언급한 우지가미를 모시는 마을의 신사를 중심으로 행해져 온 전통적 의례는 '신사신도'라고 하는데, 우리가 잘 알고 있는 국가신도란 바로 일본 근대기에 황실신도와 신사신도가 합쳐져 새롭게 만들어진 전통을 가리킵니다.

숲과 신도의 관계와 관련하여 미야자키 애니의 역사관을 조몬[繩文]시대(기원전 8천 년~기원전 3세기경)의 조렵수림문화적인 것과 야요이[弥生]시대(기원전 3세기~기원후 3세기경)의 수전농경문화적인 것으로 구분하는 시각도 가능할 것입니다. 전자에 입각한 원시신도적 역사관을 자연(숲)과의 공존이 강조되는 삼림중심사관이라 한다면, 후자는 자연과의 대결이

첨예화되는 황실신도적 천황중심사관이라고 할 수 있겠지요.
예컨대 「원령공주」는 이런 삼림중심사관과 천황중심사관이
충돌하는 이야기라고 이해할 수도 있습니다. 어쨌거나 일본의
천황제가 신도와 떼려야 뗄 수 없는 밀접한 관계에 있으며, 그
신도의 성전인 신사의 기원이 숲에 있다는 점에서 우리는 숲
과 천황제와 신사에 대한 미야자키 감독의 말을 이해할 수 있
을 겁니다. 다른 일본 애니의 경우와 마찬가지로 미야자키 애
니에서도 가끔 마을 신사의 풍경이 배경화면으로 등장합니다.

> 이웃의 토토로: 1988년 작. 4월의 어느 일요일, 사츠키와
> 메이 자매가 시골집으로 아빠와 함께 이사 온다. 엄마는
> 입원중이다. 메이는 어느 날 숲 속에서 대지의 정령 토토
> 로와 만난다. 토토로는 한밤중에 자매를 찾아와 커다란
> 나무를 키워주고 하늘을 날며 세상 구경을 시켜준다. 그
> 후 메이는 엄마를 찾아 가겠다고 나가 행방불명이 된다.
> 그런 동생을 찾는 사츠키 앞에 토토로가 나타나 고양이
> 버스를 빌려준다. 이렇게 해서 동생을 찾은 사츠키는 함
> 께 고양이 버스를 타고 그리운 엄마와 만나게 된다.

　가령 「이웃의 토토로」에서 사츠키가 버스 정류장에서 처음
으로 토토로를 만나는 장면을 기억하시는지요? 잊을 수 없는
명장면이지요. 그런데 그 버스 정류장의 이름을 기억하는 이

는 아마 별로 없을 겁니다. 그곳은 '이나리신사 앞[稻荷前]'이라는 이름의 정류장이었습니다. 이 밖에도 메이가 무서워하면서 이나리신사를 엿보는 장면도 나옵니다. 오늘날 일본에는 약 12만 개소의 신사가 있는데, 그 중에서 일본인에게 가장 친숙한 신사가 바로 여우상과 붉은색 도리이[鳥居](신사의 입구에 해당하는 ㅠ자 모양의 문)가 상징인 이나리신사입니다. 전국적으로 약 3만 2천 개소의 이나리신사가 분포하며, 교토의 후시미이나리대사[伏見稻荷大社]가 그 총본사입니다. 827년에 '정일위 이나리다이묘진[正一位稻荷大明神]'이라 하여 신들의 판테온(Patheon)에서 정일위로 자리매겨진 이나리신사의 제신은 우카노미타마노카미[宇迦之御魂神]인데, 이 신은 일체의 식물을 관장하는 식물신으로서 식물의 원조인 벼의 생산과 풍요를 수호하는 신으로 알려져 있습니다. 여기서 이나리는 '벼의 생장'을 뜻하는 말입니다. 한편 여우는 일본 민간에서 흔히 신의 사자로 간주되었는데, 종종 이 여우와 동일시되기도 하는 이나리신은 근세 이후 상공민의 신으로 널리 받아들여졌습니다. 하지만 그 기본은 도작농경민의 신으로서 흔히 일본인의 민족성에 딱 들어맞는 신으로 말해집니다.

그런데 「이웃의 토토로」에서 다른 신사가 아닌 이나리신사가 특별히 등장하는 데에는 숨겨진 이유가 있습니다. 미야자키 감독에 의하면 예전에 일본국토는 신도의 8백만 신들이 사는 곳이었는데, 현대 일본인들은 신을 느끼는 능력을 상실하고 말았다고 합니다. 때문에 미야자키 애니는 숲에 대한 외경

심을 일깨움으로써 눈에 보이지 않는 신에 대한 감수성을 다시금 회복시키고자 하는 의도로 만들어졌다는 겁니다. 숲에는 흙[土]이 있고 나무[木]가 자라며 샘물[水]이 흐릅니다. 동양의 오행(五行)사상에서는 물이 나무를 낳고[水生木] 나무는 불을 낳으며[木生火] 불은 흙을 낳는다[火生土]고 말합니다. 이 중 불의 기운은 붉은색에 할당되어 흔히 대지의 정령을 일깨우는 색깔로 간주됩니다. 그러니까 이나리신사를 상징하는 붉은색 도리이는 바로 대지의 정령 토토로를 일깨우는 데에 필요한 하나의 암시적 소도구로 설정되어 있는 거지요.

카오스의 숲과 노모스의 숲

어쨌거나 미야자키의 작품에는 주된 배경으로 숲이 많이 등장합니다. 심지어 「천공의 성 라퓨타」는 공중에 떠 있는 숲을 연상시키기도 합니다. 나아가 「원령공주」라든가 「이웃의 토토로」는 숲 자체가 주제를 구성한다고 말할 수도 있습니다. 이 때 「원령공주」에 나오는 시시가미의 원시림이 카오스(chaos)의 숲이라면 토토로의 숲은 노모스(nomos, 규범)의 숲에 비견될 만합니다. 카오스의 숲과 노모스의 숲은 함께 코스모스(cosmos, 질서)의 우주적 숲을 구성합니다. 흔히 질서(코스모스)의 반대는 무질서(카오스)라고 생각하겠지만, 실은 무질서도 질서의 한 유형일 뿐입니다. 세계의 우주창조신화를 보면 종종 카오스 상징(물, 알, 어둠, 우로보로스 등)이 많이 등장하는

데, 이는 카오스가 코스모스(질서) 창조의 원질이라는 통찰력을 보여줍니다. 하여간 미야자키 감독은 신도의 숲이야말로 이 코스모스의 숲에 다름 아니라고 상상한 듯싶습니다. 그 중 카오스의 숲이 원시신도의 숲이라 한다면, 노모스의 숲은 중세 이후의 이른바 '친쥬[鎭守]의 숲'에 해당됩니다.

여기서 '친쥬'란 일본 마을의 수호신사를 가리키는 전통적인 용어입니다. 역사적으로 중세를 거쳐 에도[江戶]시대에 완성된 일본의 향촌제에서는 무라[村]라 불리는 마을 공동체별로 신도의 수호신이 모셔졌고, 그 수호신과 주민 사이에는 우지가미[氏神]와 우지코[氏子] 혹은 우부스나가미[産土神]와 우부코[産子]의 관계가 형성되었습니다. 이 때 우지가미와 우지코 혹은 우부스나가미와 우부코는 신사(＝친쥬)를 중심으로 결집된 종교적 촌락공동체의 관계를 지칭하는 민속학적 용어입니다. 마을의 한가운데 세워진 신사인 친쥬가 바로 이 때의 우지가미 혹은 우부스나가미와 동일시된 거지요. 토토로의 숲은 곧 이런 친쥬의 숲인데, 거기서 숲과 인간은 우정에 가득 찬 온화한 관계로 맺어져 있습니다.

이와 같은 신도적 숲이 오늘날까지도 일본인들의 유전자 속에 각인되어 있어서, 그들은 어릴 때부터 특별히 신도를 종교로서 신앙하지 않는다 하더라도 신사와 신도의 숲에 대해 매우 자연스럽고 친숙한 감정을 품으며 살아갑니다. 예컨대 일본인들은 하츠모데[初詣]라 해서 정초에 신사를 참배하면서 새로운 한 해의 시작을 기념하는 것이 관례입니다. 또한 세츠

분[節分]이라 불리는 입춘 전날에도 사람들은 액풀이를 위해 신사를 참배합니다. 뿐만 아니라 일본인들은 인생의 중요한 매듭마다 신사를 참배합니다. 가령 아기가 태어나면 일정 기간(통상 남아는 32일, 여아는 33일)이 지난 다음 모친과 조모가 아기를 안고 신사를 참배하여 건강한 발육과 행복을 기원합니다. 이를 오미야마이리[御宮參]라 하지요. 또한 아이가 3세(남녀 공통), 5세(남아), 7세(여아)가 되는 해의 11월 15일에도 신사를 참배하는데, 이런 관례를 시치고산[七五三] 축하연이라 합니다. 게다가 성인이 된 다음 남자 25세와 42세 때, 그리고 여자 19세와 33세 때는 액땜을 위해 신사를 참배하는 관습도 있습니다.

그렇다면 평상시에는 어떨까요? 일반 가정에는 통상 신단이 설치되어 있습니다. 거기에는 신사의 오후다[御札](일종의 부적)가 봉안되어 있는데, 사람들은 아침 일찍 일어나 세면을 한 뒤 이 신단을 참배하면서 신도 신들과 조상신에게 감사 인사를 올리고 하루의 안녕을 기원합니다. 기타 입학이라든가 진학, 졸업, 취직, 환갑 등의 날에는 각 가정마다 신단 앞에 가족들이 모여 감사와 축하의 기원을 올리기도 합니다. 그리고 무엇보다 신사는 마츠리[祭]라 불리는 신도적 축제의 중심 공간으로 기능해 왔습니다. 마츠리의 나라 일본은 과연 신사의 나라라고 바꾸어 말해도 좋을 듯싶습니다.

요컨대 신사와 신도의 숲은 개개인의 종교적 신앙과는 별개로 일본인의 생활문화 속에 지금도 살아서 움직이고 있습니다. 특히 일본의 전통적인 전원 풍경을 보여주는 토토로의 숲은 많은 일본인들에게 어린 시절의 향수를 불러일으키는 따스한 마음의 고향으로 기억되고 있지요. 『숲의 사상이 인류를 구한다』(1995)에서 신도를 숲의 사상이라고 규정하면서 그런 신도에서 일본인의 근원적 아이덴티티를 찾으려 했던 우메하라 다케시[梅原猛]에 의하면, 신도적 숲은 조몬시대까지 거슬러 올라가는 근원적인 생명력의 숲이라고 합니다. 「이웃의 토토로」라든가 「원령공주」는 이런 신도적 숲에 대해 일본인들이 품고 있는 무의식적인 애정과 기억을 건드림으로써 크게 히트할 수 있었던 것일지도 모릅니다.

숲과 사막

하지만 숲과 인간의 관계가 항상 긍정적인 것만은 아닙니다. 예컨대 「원령공주」는 에보시로 대표되는 인간집단과 산으로 대표되는 숲의 대결을 묘사하고 있습니다. 그런데 이 때 누가 선이고 누가 악인지는 분명치 않습니다. 미야자키 감독은 다만 대결의 양상만을 극명하게 보여 줄 따름입니다. 「바람계곡의 나우시카」에서도 부해(腐海)의 숲과 인간집단 간의 대결 양상이 묘사되고 있습니다. 그런데 미야자키 감독은 이 영화의 무대를 애당초에는 부해가 아니라 사막으로 하려 했다고 하는군요. 어쩌면 대결의 양상을 보여주는 데에는 사막이 더 극적인 효과를 불러일으킬 수도 있겠지요.

원령공주: 1997년 작. 무로마치[室町]시대, 사무라이들은 총포를 만들기 위한 철의 확보에 혈안이 되어 있었고 제철에 필요한 연료 조달을 위해 태고의 원시림들이 하나씩 둘씩 사라져가기 시작할 무렵. 동북 지방의 원주민 에미시족의 마을에 어느 날 무시무시한 형상의 거대한 멧돼지신(재앙신)이 돌진해 온다. 에미시 왕족의 후예이자 미래의 지도자가 될 소년 아시타카는 마을을 지키기 위해 이 재앙신과 맞서 싸워 쓰러뜨린다. "너희들 더러운 인간들아, 나의 고통과 증오를 알아야 해." 재앙신은 죽어가면서 이렇게 외친다. 영웅 아시타카는 이때 심어진 재앙신의 저주를 풀기 위해 시시가미의 숲을 찾아간다. 먼 여행 끝에 아시타카는 제철소 '다타라바'의 여성주 에보시를 만난다. 들개 소녀 산과 동물신들 그리고 시시가미를 살해하려는 에보시 사이의 전쟁에서 중재자 역할을 하던 중 죽음의 위기에 처한 아시타카를 시시가미가 치유해 준다. 한편 숲의 대전쟁이 벌어지고 에보시의 총에 시시가미의 목이 떨어진다. 그러자 머리 없는 시시가미의 몸이 시꺼먼 액체로 변하면서 폭발하고 세상에는 온통 죽음만이 존재하게 된다. 그러나 아시타카가 그 목을 되찾아 시시가미에게 돌려주자 숲이 되살아나고 아시타카는 저주에서 벗어난다. 영화는 산과 아시타카, 에보시, 지코의 다음과 같은 대화를 끝으로 막을 내린다.

산: 아시타카, 널 사랑해. 하지만 인간들은 용서할 수 없어.

아시타카: 그럼 넌 숲에서 살고 난 제철소 마을에서 살기로 하자. 우린 함께 살아가는 거야. 종종 널 보러 산으로 갈게.
에보시: 모든 걸 다시 시작하자. 이 마을을 더 살기 좋은 곳으로 만드는 거야.
지코: 졌다, 졌어. 바보들한텐 못 당한다니까.

미야자키 감독은 분명 현대 세계가 앓고 있는 지독한 질병의 난해성을 충분히 이해하고 있는 듯싶습니다. 그 질병은 본질적으로 사막의 질병이라 할 수 있습니다. 낙타도 오아시스도 더 이상 존재하지 않는 그런 사막의 질병 말입니다. 기독교가 사막의 종교라고 한다면 일본 신도는 숲의 종교라 할 수 있습니다. 숲은 분명 사막과는 다릅니다. 어린 왕자가 불시착했던 사막의 여우는 이렇게 말했다고 하지요. "정말 중요한 것은 눈에 보이지 않아!" 그러나 사람들은 사막 위에다 불멸의 바벨탑을 세우고 말았습니다. 전지전능한 신이라고 불리는 그 탑은 만질 수 있고 멀리서도 볼 수 있는 그런 것이었습니다. 사막과 싸워 마침내 사막을 정복한 사람들은 승리의 영광과 넘치는 힘에 취한 나머지 스스로의 모습을 본 따 신을 만들어 낸 것입니다. 그리고 이번에는 그 신이 우주 안의 모든 만물을 창조했다고 선전하기 시작했습니다. 그럼으로써 사막의 종족은 마음 놓고 숲의 종족을 지배할 수 있게 되었지요. 그 결과 숲은 갈수록 황폐해지고 서서히 하나둘씩 사막으로 변해 왔습니다.

이리하여 어린 왕자의 사막은 이제 아무도 기억해 내지 못하는 신화가 되어 있습니다. 지금 우리가 사막에 대해 알고 있는 것은 처절한 고독과 싸늘한 달그림자와 태양의 광기와 달 귀진 모래알의 열병 같은 것들이 고작입니다. 우린 모두가 사막의 질병을 앓고 있습니다. 너무 차가운 무관심과 너무 뜨거운 욕망의 상승기류에 휘말려 사막의 모래바람으로 화해가고 있는 것입니다. 어떻게 해야 할까요?

숲이 우리를 치유해 줄 수 있을까요? 숲으로 들어가면 거기에는 푸른 이파리들의 희망이 아직도 숨쉬고 있을까요? 우리의 지친 삶을 그 잎사귀들의 수맥 사이로 다시 흐르게 할 수 있을까요? 어쩌면 시시가미의 운명이 하나의 대답을 암시해 주는 듯싶습니다. 문명에 의해 잘려나간 목, 그 선연한 얼굴과 슬픈 눈빛을 되찾기 위해 암적색 포말로 모든 문명과 자연마저도 무화시키려 했던 시시가미. 그럼에도 불구하고 시시가미는 우리에게 "살아야 한다!"고 속삭입니다. "그럼에도 불구하고 살아야 한다"는 말, 그것이 과연 사막의 에이즈를 앓고 있는 우리에게 남아 있는 유일한 치유의 언어인지는 잘 모르겠습니다. 하지만 한 번만이라도 좋으니 기꺼이 바보가 되어 보면 어떨까요? 헛되이 오아시스를 찾아 헤매는 대신 종이낙타를 접어 내 안의 사막을 뚜벅뚜벅 가로지르는 바보가 되어본다면 말입니다.

가미고로시, 신은 죽었는가?

　일본에서는 신(神)을 '가미'라고 부릅니다. 「원령공주」는 바로 이 가미를 살해하는 이야기 즉, 가미고로시[神殺し]의 이야기입니다. 프레이저(J.G. Frazer)라는 인류학자는 유명한 저서 『황금가지』에서 종종 동물형태로 표상되는 신을 살해하는 관습이 세계각지에서 보편적으로 발견된다는 사실을 밝힌 바 있습니다. 이 장에서는 「원령공주」를 중심으로 누가, 왜, 어떤 신을 살해하려 했는지, 그런 가미고로시의 의미와 일본적 맥락은 무엇인지에 관해 생각해 보고자 합니다.

　「원령공주」는 무로마치시대가 배경으로 되어 있는데, 이시대는 통상 시장경제가 활성화되고 다도(茶道)라든가 노[能] 혹은 정원 등 일본의 전통문화를 대표하는 콘텐츠의 원형이

31

성립된 세련미 넘치는 시대로 말해지곤 합니다. 하지만 이 영화의 무대는 당시의 문화적 중심지와는 멀리 떨어진 신화적 공간으로 설정되어 있습니다. 또한 무사나 영주 및 농민 등의 캐릭터보다는 역사의 무대표면에 잘 등장하지 않는 인물들, 가령 여성이라든가 사회에서 소외된 자들 혹은 비(非)야마토 민족 및 여러 동물신들이 주요등장인물로 나옵니다.

산

이 가운데 특히 여성캐릭터와 동물신 캐릭터에 주목할 필요가 있습니다. 먼저 여성캐릭터부터 시작하지요. 본서 첫 장에서는 미야자키 애니 일반에 있어 여성 캐릭터의 의미에 관해 다루었는데, 여기서는 「원령공주」의 두 여자주인공인 산과 에보시에 초점을 맞추고자 합니다. 인간을 증오하는 산은 자연의 원령(모노노케)이 지핀 소녀로서 제철소 '다타라바'로 표상되는 인간문명을 파괴하는 것이 삶의 유일한 목적인 양 행동합니다. 흔히 애니평론가들은 산을 자연의 영역과 동일시하지만, 실은 그렇게 단순하지만은 않아 보입니다. 산으로 표상되는 자연은 규범적이고 평화로운 노모스적 자연이라기보다는 파괴적인 증오의 힘과 결부된 카오스적 자연에 가깝기 때문입니다. 게다가 산은 자연과 문화, 동물과 인간의 중간적 존재로 보아 마땅합니다. 그러니까 미야자키는 '여성=자연'이라는 단순도식의 상식적인 관념에서 벗어나 자연이 지닌 다의 성(남성적 폭력성이라든가 미분화의 카오스성까지 포함하는)을 우리에게 일깨워주는 듯싶습니다. 산이 인간에게 버림받은 일종의 희생제물이라는 사실도 이 점을 시사해 줍니다. 왜냐하면 프랑스의 현대사상가 르네 지라르(R. Girard)의 말대로 희생제물은 공동체성립에 요청되는 폭력이기 때문입니다.

이와 같은 기성관념의 파괴와 해체는 당연히 여성성에 대한 재고를 수반합니다. 때문에 산의 여성성은 미야자키 감독의 이전작품에 등장하는 여성캐릭터와는 근본적으로 성격이 다릅니다. 이전의 여성캐릭터들은 모두 자립적이고 침착하면서도 동시에 전통적인 여성스러움이나 부드러움 그리고 무엇보다 귀엽고 사랑스러운 분위기를 함께 지니고 있었습니다. 그러나 산에게서는 그런 여성스러움이나 사랑스러움을 찾아보기 어렵습니다. 어떤 평론가는 그녀의 입가에 묻어 있는 핏자국에서 생리혈을, 그리고 그녀가 입고 있는 모피망토에서 여성기를 연상하기도 하더군요. 그렇게까지 지나친 연상을 하지는 않더라도, 산이 원시적이고 불길하기까지 한 여성의 섹슈얼리티를 풍기는 캐릭터로 묘사되고 있음은 분명합니다. 이와 같은 산의 여성성은 다른 한편으로 근대화에 대한 저항의 의미를 내포하고 있습니다. 미국의 근대일본문학 연구자인 수잔 네이피어(Susan J. Napier)에 의하면, 일본 근대기에 형성된 여성상은 남자들의 노스텔지어를 자극하는 신비스럽고 사랑스러운 존재로 상정됨으로써 타자화되고 맙니다. 그 과정에서 참된 여성성이 배제되고 부정되었는데, 이는 곧 일본 남성이

근대화에 성공하는 과정과 일치한다는 겁니다. 하지만 산은 그런 노스탤지어나 귀여운 이미지와는 거리가 멉니다. 그녀는 다만 복수심과 증오에 가득 차 있을 뿐이며, 너무도 공격적이고 살벌할 따름입니다. 다음과 같은 「원령공주」의 테마곡 가사는 이런 산의 반근대적 여성성을 창의 아름다움에 비유하고 있습니다.

> 당겨진 활의 떨리는 시위여 / 달빛에 수런거리는 너의 마음 / 잘 손질된 창의 아름다움이여 / 그 창끝과 매우 닮은 그대의 옆얼굴 / 슬픔과 분노 속에 숨은 본심을 아는 건 / 숲의 정령 모노노케(원령)뿐, 모노노케뿐

여기서 산의 여성성은 날카롭게 번득이는 창날의 섬뜩한 에로티시즘으로 노래되고 있습니다. 그것은 결코 선도 아니고 악도 아닙니다. 마찬가지로 미야자키 감독은 에보시로 표상되는 근대성 또한 선악의 이분법적 도식으로 재단하는 것을 경계하고 있습니다.

에보시

어떤 면에서 에보시는 산보다도 더 복합적인 캐릭터라 할 수 있습니다. 에보시는 소외된 여성들과 나병환자들을 위해 건설한 다타라바라는 제철소의 지도자입니다. 그녀가 탁월한

휴머니스트라는 사실은 누구도 부인할 수 없겠지요. 다타라바라는 유토피아적 공동체를 이끄는 그녀의 카리스마는 강렬한 모성성의 빛을 발하고 있습니다. 그런데 여기서 보다 주목할 것은 제철소 다타라바와 에보시의 관계에 내포된 모종의 필연성에 있습니다. 아오이 히로시[靑井汎]는 다음과 같이 그 필연성을 오행사상의 관점에서 해석하고 있습니다.

예컨대 미야자키 감독이 가장 존경하는 일본인 중에 미야자와 겐지[宮澤賢治]라는 작가가 있습니다. 그의 동화 중에 『토신(土神)과 여우』라는 작품이 있는데, 그 작품에는 자작나무를 연모하는 토신과 여우의 삼각관계가 묘사되는 부분이 있습니다. 자작나무가 촌스런 토신보다 세련된 도회풍의 여우를 좋아하자, 이에 분노한 토신이 여우를 제거한다는 이야기입니다. 오행설로 이 동화를 들여다보면, 흥미롭게도 거기서 우리는 나무와 흙의 상극관계[木剋土]를 읽어낼 수 있습니다. 그리고 더 나아가 다타라바의 여주인 에보시가 숲을 파괴한다는 설정 안에서도 나무와 흙의 상극관계라는 숨은 그림을 찾아낼 수 있고, 제철소 다타라바는 바로 그 숨은 그림을 찾아내는 하나의 매개적 실마리라 할 수 있습니다.

고대일본에서 토신은 대장장이의 신, 즉 다타라바의 인간이 모시는 신으로 여겨졌습니다. 그 토신을 일본인들은 가나야코[金屋子]신이라고 부르지요. 왜 토신을 대장장이의 신으로 신앙했던 걸까요? 사철을 녹여 제련하기 위해서는 불이 필요합니다. 사철은 흙의 일종이고 불과 흙은 상생의 관계[火生土]에

있습니다. 게다가 대장장이는 불을 얻기 위해 나무를 베어야
만 하는데, 전술했듯이 흙과 나무는 상극관계에 있지요. 그러
니 토신을 잘 모시면 풍부한 사철을 확보할 수 있을 뿐만 아
니라 많은 나무를 베어 불을 얻을 수 있다고 여긴 겁니다. 그
런데 미야자와 겐지의 동화에 나오는 토신은 남성이지만, 대
장장이의 신 가나야코는 여신으로 간주되었습니다. 이상에서
보건대, 다타라바의 에보시는 바로 이 가나야코 여신의 화신
일지도 모릅니다. 이런 점에서 다타라바와 에보시의 결부는
우연히 이루어진 것이 아니라는 점을 알 수 있겠지요.

사이보그=여신

  비평가 사에키 준코[佐伯順子]는 산과 에보시를 '사이보그
=여신'으로 규정합니다. 그녀는 특히 「원령공주」가 젠더의
주박(酒粕)에서 벗어날 가능성을 보여준 이른바 '미야자키적
페미니즘'의 애니라 하여 높이 평가하고 있습니다. 이와 더불
어 그녀는 타자와의 공존가능성을 모색하는 타자론의 관점에
서 「원령공주」와 리들리 스코트 감독의 영화 「블레이드 러너
」를 비교하기도 합니다. 전자가 인간과 자연의 화해를 그린
애니라면 후자는 사이보그와 인간의 화해를 묘사한 영화라는
점에서 공통점을 보여준다는 거지요. 1970년대 미국 서해안을
중심으로 등장한 스피리츄얼 페미니즘(Spiritual Feminism)에서
는 여성의 영적 능력이 파괴된 자연을 소생시켜 지구를 구한

다는 발상에 입각하여 이른바 '여신숭배운동'이 전개되었습니다. 이들의 사상은 생태주의 운동의 일환으로 받아들여졌고 그것은 자연과의 공생을 넘어서서 사이보그와 인간의 공존을 추구하는 '사이보그=여신'의 가능성을 모색하는 방향으로 발전되어 왔습니다.

사에키 준코는 이와 같은 여성관이 미야자키 애니에도 공유되어 있다고 보는 듯합니다. 예컨대 그녀는 여신숭배운동의 바이블이라 불리는 융(C.G. Jung) 학파 정신분석학자 진 시노다 볼런(Jean Shinoda Bolen)의 저서 『우리 속에 있는 여신들 Goddess in Everywoman』에서 제시된 아르테미스 원형과 아테나 원형에다 각각 산과 에보시를 배치합니다. 즉, 산이 야생과 사냥과 숲과 다산의 여신인 아르테미스 원형에 속한다면, 에보시는 도시와 대장장이와 전쟁과 지혜의 여신인 아테나 원형에 해당된다는 것이지요.

산과 에보시 그리고 아시타카는 영화의 마지막 부분에서 각자 자신의 영역을 확보하면서도 타자와의 대화를 향해 마음의 문을 엽니다. 이것이야말로 참된 대화와 화해, 참된 만남과 이해의 가능성이라 할 수 있습니다. 자기를 부정하고 타자에게 동화되기, 타자를 부정하고 자기만을 주장하기, 타자를 자기에게 동화시키기, 타자를 제거하기…… 이래서는 참된 만남과 대화가 불가능합니다. 어디까지나 자기와 타자의 고유한 영역이 그대로 유지되면서 대화를 모색하는 것이야말로 참된 공존의 길이고, 미야자키 애니는 이런 가능성을 보여준다는 겁니다. 그러나 이런 가능성에 대해 마음의 문을 열기까지는 참으로 지난한 시행착오, 갈등과 대립, 오해와 편견의 숲을 통과하지 않으면 안 됩니다.

재앙신과 원령신앙

이쯤에서 우리는 에보시가 왜 그토록 집요하게 산과 대적하면서 숲의 동물신들을 살해하려 했는지를 물어야 할 것 같습니다. 우선 첫 번째 이유는 나무를 얻기 위해서였겠지요. 제철소에서 제일 중요한 용광로의 불을 꺼뜨리지 않기 위해서는 대량의 나무가 필요한데, 숲을 지키려는 산과 동물신들이 벌목에 방해가 되었을 겁니다. 그러나 그것만이 전부가 아닙니다. 에보시가 살해한 동물신 중에 거대한 멧돼지신이 있었습니다. 영화 첫 장면에서 증오심에 불타 맹렬히 질주하는 재앙신(다타리가미)이 그것이지요. 이 멧돼지신은 에보시가 쏜 총탄에 맞아 저주스러운 재앙신이 되었고 결국 아시타카에 의해 죽어간 것입니다. 재앙신은 원령의 일종입니다. 이런 재앙신과 관련하여 미야자키 감독은 이렇게 말한 적이 있습니다. "「원령공주」를 비롯한 내 작품의 최대 테마는 '우리가 증오를 극복할 수 있을까?' 하는 문제이다." 그러나 그의 결론은 "극복할 수 없다" 쪽으로 기울어져 있는 듯이 보입니다. 왜냐하면 그는 이 세상 자체가 하나의 재앙이기 때문이라고 여기기 때문입니다. 알 수 없이 우리 안에서 들끓는 증오와 분노, 그것들을 어떻게 받아들여야 할지를 모르는 우리는 마치 집 잃은 어린 아이처럼 불안해합니다. 누구나 하나의 재앙을 살고 있으며, 누구나가 증오와 분노를 품고 살아갑니다. 그래서 미야자키 감독은 재앙신이라는 캐릭터를 설정했다는 겁니다. 인간은 재앙을 피할 수 없는 존재임에도 불구하고 애니 속의 재앙신은 결국 인간의 손에 의해 죽고 맙니다. 그 결과 인간은 재앙신의 저주를 받게 됩니다. 이건 심각한 모순의 순환이지요. 그것은 상극의 악순환입니다. 이 점은 재앙신의 본질을 오행사상의 관점에서 풀어보면 보다 분명하게 드러납니다. 산업문명의 원동력은 불[火]입니다. 인간은 불을 발견함으로써 금속[金]을 이용하여 문명의 세계로 급속히 진입할 수 있었기 때문입니다. 그리고 금속을 제련하기 위해서는 나무[木]가 필요했습니다. 나무뿐만 아니라 멧돼지를 포함하여 살아 있는 모든 것은 목기(木氣)에 해당됩니다. 멧돼지 재앙신의 몸[木]에 박힌 것은 총탄[金]이었지요. 여기서 불과 금속, 금속과 나무는 상극의 관계입니다. 그러니까 다타리(재앙)의 본질은 이런 상극의 악순환을 가리킨다고 볼 수 있는 거지요.

예로부터 일본인들은 이런 모순의 심각성에 대해 예민한 감수성을 지니고 있었습니다. 예컨대 그들은 원령이 재앙을 일으킨다 하여 원령을 위무하기 위해 많은 노력을 해 왔습니다. 거기서 이른바 어령(御靈)신앙 혹은 원령(怨靈)신앙이란 것이 생겨났지요. 중세 이래 일본에는 생전에 원한을 품고 죽은 귀족이나 왕족이 사후에 탈이나 재앙을 일으키는 걸 막기 위해 사령을 신으로 모시는 관습이 있었는데, 이를 통상 어령신앙 혹은 원령신앙이라고 합니다. 그것은 정치적 분란이나 전란, 사고, 자연재해, 역병 등으로 생전에 한을 품고 죽거나 비명사한 자의 원령이 산 사람을 괴롭히고 여러 재앙을 불러 온다 하여 두려워한 민간신앙입니다. 이런 원령신앙의 흔적은 현대 일본인들에게 매우 친숙한 기타노[北野]신사, 노[能]라든가 가부키[歌舞伎]와 같은 전통 예능, 야스쿠니[靖國]신사 등과 밀접한 관련성을 가지고 지금까지도 현대 일본사회에 진하게 남아 있습니다.

우리나라에서는 매년 대학입시철이 되면 여러 가지 진풍경이 연출되는데, 일본도 만만치 않습니다. 가령 입시철이 가까워 오면 일본 전국에 산재한 기타노신사에는 합격을 기원하는 사람들로 대만원을 이룹니다. 말하자면 기타노신사에 가서 기원을 올리면 특별히 대학합격에 효험이 좋다고 하는 생각이 널리 퍼져 있는 거지요. 왜 그렇게 되었을까요? 그것은 기타노신사에 모셔져 있는 학문의 신 때문입니다. 그런데 이 학문의 신은 헤이안시대의 역사적 인물인 스가와라노 미치자네([菅原道眞], 845~903)의 원령에 다름 아닙니다. 당시 우정승이었던 미치자네는 좌정승에 의해 누명을 뒤집어쓰고 억울하게 쫓겨났다가 유배지인 큐슈의 다자이후[太宰府]에서 죽었습니다. 이후 좌정승 가문에서는 급사하거나 벼락을 맞아 죽는 자가 끊이지 않는 갖가지 재앙이 발생하였고, 사람들은 그 재앙을 미치자네의 원령이 일으킨 것이라 생각하여 공포에 떨었다고 합니다. 그리하여 미치자네의 원령을 신으로 모시는 사당이 생겨났는데 그것이 기타노신사로 발전하게 된 것이지요. 요컨대 현대 일본인들에게 인기만점인 기타노신사의 주역은 미치자네라고 하는 역사적인 인물인데, 그는 한편으로 당대의 탁월한 학자였고 이런 그의 학문적 재능을 높이 기리는 일본인들이 그를 '학문의 신'으로 모시게 된 것입니다.

이번에는 노라든가 가부키와 원령신앙의 관계에 대해 생각해 봅시다. 일본의 전통 가면극인 노의 주인공으로는 통상 사무라이, 신령, 사령, 정령, 노인 등이 많이 등장하며, 그 줄거리는 이 주인공들이 세상에 남긴 원한의 감정을 토로하다가 사라지는 패턴으로 진행됩니다. 또한 일본 근세에 성행한 전통 연극으로서 가부키라는 것이 있습니다. 그 중 가장 유명한 작품으로 「주신구라(忠臣藏)」를 들 수 있겠는데, 이 가부키는 다양한 버전으로 개작되어 오늘날에도 연극뿐만 아니라 영화나 텔레비전 드라마로 끊임없이 방영될 만큼 일본인들에게 매우 인기가 많습니다. 이 「주신구라」의 줄거리는 분하게 죽은 주군의 원한을 풀어주기 위해 47명의 사무라이들이 원수를 차례차례 죽인 역사적 사건을 배경으로 삼고 있는데, 여기서도 우리는 원령신앙의 변형된 형태를 엿볼 수 있습니다.

끝으로 한일간에 정치적인 쟁점으로 남아 있는 야스쿠니신사와 원령신앙의 관계를 생각해 봅시다. 동경 시내 중심부의 치요다[千代田]구 구단(九段)에 위치하고 있는 야스쿠니신사에는 과거 군국주의시대에 천황을 위해 전쟁터에서 죽은 250여만 전사자들이 신으로서 모셔져 있습니다. 이 야스쿠니신사는 패전 후 미군정에 의해 다른 신사들과 마찬가지로 민간 종교 법인으로 전환되었으나, 일본의 우익집단 및 각료들에 의해 공식참배 혹은 국영화 문제가 끊임없이 제기되어 왔습니다. 이른바 일본의 '망언'이란 주로 이 야스쿠니신사문제를 둘러싸고 나온 것이 많습니다. 그런데 이상한 것은 일본 국민들의 태도입니다. 일반적으로 대다수의 일본인들은 「평화헌법」을 지지하며 전쟁을 반대한다고 알려져 있지만, 전범이 신으로 모셔져 있는 이 야스쿠니신사문제에 대해서는 심정적으로 동의하는 편입니다. 왜 그럴까요? 그 배후에 깔려 있는 것이 바로 원령신앙이라는 사실을 아는 한국인은 별로 없어 보입니다. 간단히 말하자면 일본인들은 전쟁터에서 비정상적으로 죽은 자는 원령이 되어 산 자를 괴롭힐 지도 모르니까, 그 원령을 위무해 주어야만 하고 그게 바로 야스쿠니신사의 역할이라고 생각한다는 겁니다. 야스쿠니신사문제는 정치적이고 역사적인 문제일 뿐만 아니라 원령신앙이라는 민간신앙과도 밀접히 얽혀 있습니다.

시시가미의 살해

마치 중국의 상상적인 동물 기린(麒麟)을 연상시키는 시시가미(사슴신)는 숲과 대지의 특이점으로서, 일본의 다양한 신화와 이야기가 만나는 접점입니다. 시시가미의 이미지에는 여러 신화들이 중첩되어 있습니다. 가령 영화에서 승려 지코가 천황의 명에 따라 시시가미의 머리를 사냥하기 위해 노심초사 하는 장면, 시시가미가 아시타카를 소생시키는 장면 등은 『우 치습유물어(宇治拾遺物語)』의 「오색사슴(五色鹿事)」 설화를 소재로 하나와 가즈이치[花輪和一]가 그린 만화 「호법동자」 중의 '오색사슴' 편에서 영향을 받았다고 합니다.

만화 「호법동자」 중 '오색사슴'편: 새끼 오색사슴이 곰에게 습격당하는 것을 본 동녀가 동자에게 함께 합체하여 호법동자가 되어 새끼 사슴을 구해주자고 했으나 동자는 이를 거부했다. 그래서 동녀 혼자 곰을 쫓아가던 사이에, 발을 헛디뎌 강물에 빠진 동자를 어미 오색사슴이 구해 준다. 이 일을 발설하지 않겠다고 약속한 동자가 산을 내려오는 도중, 등에 거대한 지렁이가 나 있는 사냥꾼과 만났다. 사냥꾼은 오색사슴의 털로 만든 붓으로 불경(佛經)을 필사(筆寫)하면 등의 지렁이가 떨어진다고 믿어 오색사슴을 찾아다니고 있었다. 동자는 은혜를 잊고 그 사냥꾼을 오색사슴 있는 곳으로 데려간다. 사냥꾼은 사슴을 죽여 마을로 가지고 내려 왔으나, 그것은 실은 동녀가 나무뿌리를 변신시킨 가짜 사슴이었다.

또한 이 만화에 나오는 사냥꾼이 등에 기생하는 거대한 지

렁이를 없애기 위해 오색사슴을 찾아 나서듯이, 아시타카 또한 재앙신의 저주로 인해 팔에 솟아나는 지렁이들을 없애기 위해 시시가미의 숲을 찾아갑니다. 한편 「원령공주」에서 인간이 숲을 파괴하자 작은 고다마[木靈]들과 동물신들이 모두 사라져 버리는 장면, 아침 해가 돋은 후 디다라봇치(밤의 시시가미)가 폭풍이 되어 숲으로 날아가자 산들이 녹음을 되찾고 고다마들이 다시 살아나는 장면 등도 만화 「호법동자」 중 '귀신의 권' 편에서 유사한 모티브를 얻었으며, 이 밖에 미야자와 겐지의 동화 「사슴춤의 기원」도 시시가미의 모델을 제공해 주었다고 보입니다.

만화 「호법동자」 중 '귀신의 권': 호법동자가 도착한 숲은 귀신이 숲의 신들과 나무 정령들을 잡아먹어서 살벌하고 황량했다. 이윽고 호법동자는 귀신과 싸워 그 목을 잘랐다. 그러자 귀신의 엄마인 강물의 정령이 큰 입을 벌려 호법동자를 삼켜버렸다. 그러나 뱃속에 들어간 호법동자가 난리를 펴서 강물의 정령은 공중 폭발해 버렸고 그 뱃속에 있던 숲의 신들과 나무 정령들이 모두 해방되어 본래의 자리로 돌아간다.

동화 「사슴춤의 기원」은 가쥬[嘉十]라는 농민이 사슴들의 언어를 듣고 그 몸짓을 본 것이 이와테[岩手] 지방의 민속

예능인 사슴춤의 기원이 되었다는 이야기. 농부는 경단을
미끼로 사슴들을 끌어들였으나 수건을 치운다는 것을 깜
빡 잊었다. 사슴들은 이 수건을 보고 경단을 먹지 않았다.

여기서 디다라봇치는 일본 각지에 전해지는 거인전설의 주
인공입니다. 일본 민속학의 창시자 야나기다 구니오[柳田國男]
도 이 전설에 주목하여 이야기를 채취한 바 있습니다만, '시시
가미＝디다라봇치'라는 캐릭터에는 개, 돼지, 사슴, 뱀, 용 등
의 이미지가 복합적으로 들어가 있습니다. 문화평론가 무라세
마나부[村瀨學]는 일본 고대력(曆)에 나오는 십이지로 시시가
미의 숲에 사는 동물신들을 설명합니다. 멧돼지신, 들개신, 뱀
신 혹은 용신(디다라봇치) 등이 그것입니다. 즉, 여름의 신인
뱀과 용, 겨울의 신인 개와 돼지는 십이지에서 가장 생명력이
충만한 신들인데, 미야자키 감독은 이 동물들을 특별히 시시
가미의 숲에 사는 동물신으로 설정한 것입니다. '시시가미＝
디다라봇치'는 각각 낮(양)의 세계와 밤(음)의 세계를 상징하면
서 생명에너지의 두 측면을 보여 줍니다. 이 양성구유적인 신
은 밤낮으로 깨어있습니다.
    에보시와 지코는 시시가미를 살해하려 합니다. 그런 가미고
로시는 무엇을 의미하는 것일까요? 「원령공주」에서 가미고로
시의 궁극적인 의미는 재생에 있습니다. 종반부에서 죽었던
자연이 다시 살아나는 장면은 이 점을 잘 말해줍니다. 다시 말

하거니와 미야자키 감독은 이 작품에서 애니메이션(생명을 불어넣기)이라는 말 그대로 재생의 모티브를 강력하게 보여주고 있습니다. 어쩌면 그는 이런 가미고로시의 이야기를 통해 일본의 재생을 꿈꾸었던 것일지도 모릅니다. 그런데 가미고로시의 가미[神]는 숲이기도 하고 자연이기도 합니다. 그러니까 가미고로시는 숲과 자연의 살해를 뜻하기도 하지요. 이런 가미고로시의 이야기인 「원령공주」는 애니미즘적인 일본 신도의 자연관을 배경으로 하고 있습니다. 다음 장에서는 일본인의 자연관이 미야자키 애니에서 어떤 옷을 입고 나타나는지에 대해 생각해보기로 하지요.

자연, 미야자키 생명의 근원지

미야자키 애니의 비전을 흔히 인간과 자연의 대결구도로 말하는 경우가 많은데, 이것이 물론 틀린 말은 아니겠지만 어딘가 매우 상투적이고 낡은 도식이라는 인상을 지울 수 없는 것도 사실입니다. 인간과 자연의 대결구도는 너무도 서양적인 발상이기 때문입니다. 좀 단순화시켜 말하자면, 사막의 종교라 할 수 있는 가부장적인 유대기독교적 이원론에서는 오랫동안 '남성=문화=근대성=서양=하늘=태양=밝음=선', 그리고 '여성=자연=전근대성=동양=땅=달=어둠=악'이라는 편견이 상식처럼 통용되어 왔습니다. 그러나 자연은 그렇게 간단히 이분법적으로 규정될 수 없습니다.

피지스의 자연

앞에서 우리는 포스트구조주의 연구자 아사다 아키라[淺田
彰]의 용어를 빌어 코스모스의 숲, 카오스의 숲, 노모스의 숲
을 언급한 적이 있는데, 그것들을 코스모스의 자연, 카오스의
자연, 노모스의 자연이라고 바꾸어 말해도 좋을 듯싶습니다.
거기에다 완벽한 에코 시스템으로 상정된 피지스(physis)의 자
연을 하나 더 첨가해서 생각해 봅시다. 우주와 세계는 알 수
없는 질서를 그 안에 품고 있지요. 사실 진짜 알 수 없는 것은
카오스가 아니라 코스모스입니다. 코스모스는 그 안에 노모스
와 카오스를 포함하지만 그것들을 다 합친 것보다도 더 큰 무
엇입니다. 그래서 우리는 모든 코스모스 앞에서 신비를 느끼
지 않을 수 없지요. 그러나 카오스의 힘 앞에서는 신비보다는
전율을 느낍니다. 한편 노모스의 영역은 우리가 만들어낸 세
계입니다. 따라서 우리는 노모스에 대해 가장 잘 알고 있지요.
마지막으로 피지스의 영역은 모든 유토피아와 모든 꿈, 존재
하지 않는 모든 것들, 보이지 않는 모든 것들의 총화라 할 수
있습니다.

그렇다면 미야자키 애니가 지향하는 자연은 어떤 것일까요?
이와 관련하여 미야자키 감독의 다음과 같은 육성에 귀를 기
울여봅시다. "나는 자연과 인간의 관계에 대한 영화를 만들어
왔습니다. 그런데 나의 영화에 대해 사람들이 '자연 친화적'이
라고 말하는 것은 핀트에 어긋납니다." 실로 자연과 인간의

관계는 우리의 상상을 훨씬 뛰어넘을 만큼 복합적입니다. 그것은 인간과 문명과 세계의 본질에 맞닿아 있습니다. 한 마디로 그것은 선악의 피안에 존재하는 관계성입니다. 그것은 아마도 피지스의 자연에 가까운 것일지도 모릅니다. 선악의 범주에 잡히지 않는 피지스의 자연은 생명력의 근원지에 다름 아닙니다. 다시 미야자키 감독의 말을 들어봅시다.

> 문제는 인간 행위의 선악 너머에 있습니다. 말하자면 생명이 있는 존재의 차원에서 제일 중요한 것은 과연 살아갈 만한 힘이 있느냐 없느냐 입니다. 문제는 생명력에 있다는 말이지요 오늘날의 일본 아이들에게는 이런 생명력이 약합니다. 이것이 정말 걱정됩니다.

선이냐 악이냐, 옳은가 그른가를 말하는 것만으로는 아무 것도 해결되지 않는다는 거지요. 그런 시시비비에 대한 관심보다는 생명력에 대한 시선이야말로 미야자키 애니의 핵심과 도처에 숨어 있는 견자(見者)의 눈입니다. 미야자키 감독이 카오스의 자연을 지키려는 산이나 노모스의 자연을 창조하려는 에보시 어느 편에도 서지 않는 까닭이 여기에 있습니다. 그의 궁극적인 시선은 항상 보다 큰 자연인 피지스를 향해 있고, 그 큰 자연은 인간과 문화 모두를 포괄합니다. 피지스의 자연에서 생명의 반대는 죽음이 아닙니다. 왜냐하면 거기서는 '생명=선=사랑', '죽음=악=증오'라는 도식이 무의미하기 때문입니다. 생명과 죽음, 선과 악, 사랑과 증오는 나우시카 안에도, 산 안에도 공존하고 있습니다. 우리 안에 함께 뒤섞여 존재하는 모든 애증의 상반된 것들로 인해 우리는 늘 피흘리며 찢어집니다. 미야자키 애니는 이런 모순을 가지고 살 수밖에 없는 인간들이 자기자신을 넘어서는 하나의 방식을 보여주고 있습니다. 다시 말해 미야자키 애니에는 '사물에는 선과 악의 양면성이 있다'는 세계관이 깔려 있습니다. 에도시대의 안도 쇼에키[安藤昌益]라는 사상가는 선 안에도 악이 있고 악 안에도 선이 있다고 했습니다. 이는 음 안에 양이 있고 양 안에 음이 있어 음이 꽉 차면 양이 되고 양이 꽉 차면 음이 된다고 하는 동양의 오랜 주역사상과도 통하는 발상입니다. 혹은 여성 안에 남성적인 심리적 요소(아니무스)가 있고 남성 안에 여성적인 심리적 요소(아니마)가 들어 있다는 융(C.G. Jung) 심리학의 통찰도 이런 세계관과 비슷한 색깔을 보여줍니다.

참된 생명력은 모든 죽음을 포괄하고 참된 죽음은 모든 재생의 가능성을 내포합니다. 생명과 죽음은 마치 자기 꼬리를 입에 물고 있는 우로보로스의 원환운동을 계속할 따름입니다. 이제야 우리는 「원령공주」의 숲의 신 시시가미가 생명과 죽음 모두를 관장하는 신으로 묘사된 이유를 어렴풋이 이해할 수 있게 됩니다. 또한 「바람계곡의 나우시카」에서 세상의 모든 아침을 부패하게 만드는 부해의 숲이 실은 정화의 기능을 수행한다고 설정한 이유도 알 것 같습니다. 이런 앎은 미야자키 애니에서 「바람계곡의 나우시카」 이후부터 악역이 사라진다는 사실에 의해 더욱 진정성을 확보하게 됩니다.

「이웃의 토토로」라든가 「원령공주」는 네이처(nature)로서의 대상적 자연이 아니라 주체인 인간까지도 포괄하는 주객일치적 자연을 중시하는 일본인의 전통적인 마음을 잘 보여줍니다. 그 마음은 일본인이 세계에 자랑하는 8세기 『만엽집(万葉集)』에 실린 신도적 자연찬미의 시가정신과도 통합니다.

그러나 미야자키 감독이 항상 일본의 전통을 찬미하는 것은 아닙니다. 가령 무로마치시대에 원형이 형성된 일본정원이 정교하게 다듬어진 자연이라면, 시시가미의 숲은 원초적인 자연이라 할 수 있습니다. 그러니까 자연을 신령이 깃든 신도적인 것으로 묘사하는 미야자키 애니의 기법에는 정원의 자연미라는 일본인의 전통적인 사고방식을 대체하는 측면이 내포되어 있다고 여겨집니다. 하지만 할리우드 영화와는 달리 선악간에 명확한 선을 긋지 않는 미야자키 애니가 지닌 문제점도 지적되어야 마땅하겠지요. 다음에는 일본인의 현세중심적 종교관과 선악관념 및 마코토[誠]의 정신을 중심으로 이 점에 대해 생각해 보기로 하겠습니다.

선악의 피안과 현세중심주의

오늘날 일본사회에서 가장 활동이 두드러진 종교집단은 창가학회(創價學會)라든가 입정교성회(立正佼成會) 혹은 천리교(天理敎) 같은 신종교인데, 이들의 교리는 공통적으로 현세중심적인 구원관을 내세우고 있습니다. 이와 같은 일본 신종교의 현세중심적 구원관은 통상 생명주의적 구원관으로 불리기도 합니다. 여기서 생명주의란 우주전체를 하나의 생명의 현현으로 보는 사상을 가리킵니다. 거기서는 우주 내의 모든 생명체가 '어버이신[親神]'이라든가 '우주대생명' 등으로 불리는 근원적 생명에 의해 생겨났고 또 유지된다고 말해집니다. 이때 '하나의 생명' '어버이신' '우주대생명' '근원적 생명' 등이 전술한 피지스의 자연 개념과 상통하는 것은 말할 나위 없습니다. 이런 세계관의 관점에서 보자면, 모든 존재는 하나의 동일한 생명 안에 있으므로 상호조화하여 발전해 나갈 수 있다는 겁니다. 그리고 악이란 생명력의 쇠약 또는 조화의 상실에 다름 아닙니다. 따라서 이 때 악으로부터의 탈각 곧 구원은 생명력의 회복 또는 근원적 생명과의 조화를 회복하는 것으로 이해되며, 그런 구원은 내세가 아닌 현세 속에서 실현되어야 할 것으로 여겨집니다.

선악의 피안을 묘사하기. 종합예술인 애니메이션은 이런 묘사에 썩 잘 어울리는 장르처럼 보입니다. 왜냐하면 19세기의 바그너 이래 20세기의 뮤지컬에 이르기까지 모든 종합예술은 '일상성으로부터의 탈출'과 '선악의 피안으로의 비약'에 있어 가장 전투적이고 혁명적이라고 평가받기 때문입니다. 일본인의 전통적인 선악관념 및 그것에 입각한 자연관을 밑그림으로 삼고 있는 미야자키 애니는 과연 혁명적인 메시지를 담고 있습니다. 그러면서도 그 밑그림은 어딘가 모르게 위험하게 느

꺼지기도 합니다.

되풀이하여 말하거니와 「원령공주」는 문명의 건설을 위해 자연의 파괴를 합리화시켜 온 인간에 대해, 실은 인간 또한 에코 시스템의 피지스적 자연에 속해 있음을 강렬하게 상기시켜 줍니다. 그런데 그런 상기의 가상공간에는 제철소 다타라바의 성주 에보시로 상징되는 문명, 그 문명에 의한 자연 파괴로부터 숲을 지키고자 증오의 사막을 키우는 동물신들과 산 그리고 제철소와 숲, 문명과 자연, 인간과 동물, 인간과 신의 평화로운 공존을 호소하는 아시타카 등이 각기 동일한 비중으로 저마다의 고유한 가치영역을 확보하고 있습니다. 그러니까 「원령공주」는 단순히 교과서적인 윤리의식에 입각하여 생태학적인 위기감을 묘사한 애니메이션이 결코 아닙니다. 물론 우리가 에보시, 산, 아시타카 중에서 누가 옳다고 생각하든 그것은 전적으로 각자의 자유일 것입니다. 하지만 흥미롭게도 미야자키 감독은 정작 누구의 편도 들고 있지 않습니다. 그는 1993년 『애니메니카』지와의 인터뷰에서 다음과 같이 말한 적이 있습니다.

저는 자기 자신의 옳음을 줄줄이 늘어놓는 사회를 좋아하지 않습니다. 미국의 정당성, 이슬람의 정당성, 중국의 정당성, 이런저런 민족 집단의 정당성, 그린피스의 정당성……이들은 모두 자신의 정당성을 주장합니다. 하지만 그들은 결국 자신의 잣대를 가지고 타자에게 그걸 강요할 뿐입니다.

옳고 그름을 분명하게 가리는 유교문화의 습성에 젖어 있는 우리로서는 이런 미야자키 감독의 태도가 썩 맘에 들지 않을 수도 있습니다. 하지만 그렇다고 해서 이런 태도가 비윤리적이라고 섣불리 단정질 수도 없습니다. 다시 한번 그의 발언에 귀기울여봅시다. 그는 1994년 BBC가 제작한 다큐멘터리에서 오존층의 파괴, 에이즈, 국제 난민의 문제, 대기 및 대양의 오염에 대해 언급하면서 이렇게 말하기도 합니다.

우린 21세기가 어떤 세상이 될지를 분명하게 내다볼 수 있습니다. 이런 카오스 안에서 우리 자신과 우리 아이들이 어떻게 살아갈 수 있을지 모르겠습니다. 우린 우리자신에 대해 물음을 던지지 않으면 안 될 그런 시대에 살고 있습니다. 이런 상황에서 우린 영화를 만듭니다. 하지만 이전 같은 방식으로 영화를 만들어서는 안 됩니다.

일본인의 종교생활에서 세계는 결코 선과 악의 싸움터로 인식되지 않습니다. 마찬가지로 육체와 정신 또한 일본인들에게는 서로 대립되는 개념이 아닙니다. 따라서 일본의 종교사상에서 육체라든가 육체적 쾌락을 죄로 간주하는 입장은 그리 발달되지 않았습니다. 이와 관련하여 루스 베네디트는『국화와 칼』에서 일본인은 악의 문제를 인식하는 능력이 결여되었으며, 악의 문제를 인생관으로 승인하는 것을 거부해 왔다고 지적하기도 합니다. 이런 지적은 다소 일방적이고 지나친 구석이 없지 않지만, 나름대로의 설득력을 지닌 것으로 보입니다. 실제로 신도사상에서는 인간에게 선한 영혼과 악한 영혼이 있는 것이 아니라, 다만 온화한 영혼[和魂]과 거친 영혼[荒魂]이 있을 뿐이라고 말합니다. 이 두 개의 영혼이 그때그때 경우에 따라 선이 되기도 하고 악이 되기도 한다는 거지요.

신도의 선악관

내친 김에 신도의 선악관에 대해 좀 더 생각해보죠. 신도에는 '이미'라는 관념이 있습니다. 일본어의 '이미'는 일종의 신성관념인데, 이 말에는 청정한 것을 특별 취급하여 격리시키는 '이미[齋]'와, 부정한 것을 특별 취급하여 격리하는 '이미[忌]'의 의미가 함께 담겨져 있습니다. 이와 같은 '이미'의 관념에는 금기의 이중성, 즉 이질적인 요소의 공존이 두드러지게 나타납니다. 그런데 그것은 단순한 공존이 아닙니다. 거기에는 상반되는 두 요소, 즉 청정관념과 부정관념이 일종의 생명력에 대한 특이한 감각을 매개로 하여 연결되어 있기 때문이지요. 말하자면 거기에는 신성한 것과 부정한 것이 동일한 생명력을 한뿌리로 하여 서로 긴밀하게 연결되어 있는 셈입니다. '케가레'와 '하레'의 순환에 관한 일본인의 민속신앙에서도 이런 연관성을 확인해 볼 수 있습니다.

일본 민속용어에 부정관념을 나타내는 말로 '케가레(ケ枯れ)'란 것이 있습니다. 이 '케가레'에서의 '케'는 쌀을 성장시키고 열매 맺게 하는 생명력이라고 해석될 수 있는데, 그것이 민간에서는 공동체의 일상적 삶을 가리키는 관념으로 바뀌게 되었습니다. 이런 일상(ケ)에 대해 비일상은 '하레(枯れ)'라고 불렸습니다. 그러니까 '케'가 말라버렸다는 것을 뜻하는 '케가 레'란 말은 결국 일상을 살아가도록 해 주는 생명력이 고갈된 상태를 의미합니다. 다시 말해 그것은 일상의 위기에 다름 아닙니다. 이와 같은 삶의 위기는 주기적으로 인간을 엄습합니다. 그럴 때마다 인간은 '케', 곧 생명력을 회복함으로써 일상적 삶의 질서로 되돌아가지 않으면 안 되겠지요. 이처럼 쇠퇴한 생명력에 다시금 에너지를 주입시키는 과정이 곧 '마츠리[祭]'라 불리는 신도의례입니다. 이런 마츠리는 일상과는 전혀 질적으로 다른 비일상, 즉 '하레'로 여겨졌습니다. 요컨대 마츠리의 신도의례를 사는 일본인의 삶은 '일상(케) → 일상의 쇠퇴(케가레) → 비일상(하레=마츠리) → 일상으로의 복귀'라는 반복적인 내적 구조를 지닌다고 볼 수 있습니다.

신도에서는 생명력의 고갈(케가레)을 악으로 이해합니다. 따라서 그것은 '하라이[祓]'라는 정화의례를 통해 정화시키지 않으면 안 됩니다. 때문에 지금도 일본에서는 마츠리를 거행할 때 먼저 신사에서 케가레를 씻어내어 정화시키는 의례가 행해집니다. 그런데 이런 하라이에는 두 종류가 있습니다. 하나는 악과 흉(凶)을 씻어 내는 하라이이고 다른 하나는 선과 길(吉)을 조치하기 위한 하라이입니다. 이 두 가지 하라이는 통상 동시에 행해집니다. 이처럼 선과 악 모두에 관련된 하라이의 정화의식이 끝난 다음에야 비로소 '하레'의 축제가 시작되는 것입니다. 결국 일본인에게 있어 산다는 것은 하나의 축제이며 생명력의 누림을 뜻합니다. 거기에는 본래 악이란 존재하지 않습니다. 모든 악은 다만 더럽혀진 것일 뿐이며, 그것은 씻어내어 청정을 회복하기만 하면 본래의 생명력을 되찾을 수 있다고 여겨지기 때문입니다. 그리고 이 본래의 생명력이야말로 최고의 선이라는 거죠.

여기서 우리는 일본인들의 낙관주의를 엿볼 수 있습니다. 인간은 본질적으로 깨끗한(선한) 존재이고 다만 시간이 흐름에 따라 생명력이 약해지면서 더럽혀질 따름인데, 그렇게 더럽혀진 때는 씻고 닦아내면 그만이라는 겁니다. 때문에 일본인들은 자신의 어둡고 악한 그림자와 피 흘리며 싸워야 할 당위성을 별로 느끼지 못하는 듯싶습니다. 중요한 것은 다만 마음의 거울을 항상 청정하게 닦고 자기에게 주어진 의무를 다하는 데에 있을 뿐입니다. 사실 고대 일본인은 절대적인 악이나 흉은 존재하지 않는다고 생각했습니다. 예컨대 고대 일본어에는 원래 현대 일본인들이 사용하는 것처럼 도덕적인 의미가 내포된 선악이란 개념은 없었습니다. 고대 일본어로 선은 '요시(善し)'라고 하는데, 이는 길(吉), 귀(貴), 가(佳), 양(良), 행(幸) 등의 의미를 내포하는 말입니다. 한편 악은 이 '요시'의 반대로서 '아시(惡し)'라고 불렸습니다. 이것이 후대로 내려오면서 선은 '기요키(淸き)' 혹은 '우르하시키(麗しき)'라 하여 맑고 청정한 상태를 뜻하는 말로 쓰이게 되었고, 악은 '기타나키(汚

き)'라 하여 탁하고 부정한 상태를 가리키게 되었습니다. 그러니까 신도에서의 선과 악이란 다만 맑으냐 탁하냐의 문제일 뿐, 옳은가 그른가 하는 도덕적인 가치판단하고는 거리가 있습니다. 오늘날의 용법과 같은 도덕적인 의미가 일본인의 선악개념에 개입된 것은 아마도 불교라든가 서구사상 특히 기독교의 영향 때문인 것으로 추정됩니다.

요컨대 청정관념과 결부되어 있는 신도의 선악 관념은 반드시 도덕적 가치에 의존하지는 않습니다. 그리하여 신도의 가미[神]는 서구의 윤리적 유일신관에서 전제가 되어 있는 '절대적으로 선한 신'과는 달리 도덕적인 선악에 구애받지 않는 존재로 관념됩니다. 일본 국학을 집대성한 모토오리 노리나가[本居宣長]는 신도의 가미를 "고전에 나오는 천지의 제신들을 비롯하여, 그 신들을 모시는 신사의 어령, 인간, 조류, 짐승, 초목, 바다, 산 등의 무엇이든, 범상치 않으며 은덕 있고 두려운 존재를 일컫는 말이다. 가미에는 이렇게 여러 종류가 있다. 가령 귀한 가미, 천한 가미, 강한 가미, 약한 가미, 좋은 가미, 나쁜 가미 등이 있으며, 그 마음도 행함도 여러 가지라서 어떤 하나로 규정하기 어렵다"고 정의내리고 있는데, 이는 신에 대한 일본인의 통상적 관념을 가장 전형적으로 묘사하고 있는 것으로 평가받습니다. 이런 정의에 의하면 모든 것이 신이 될 수 있지요. 그 신은 우리를 두려움에 떨게 할 만큼 힘이 있는 존재이기만 하면 되며 반드시 도덕적일 필요는 없습니다.

마코토의 정신

한편 성(誠)은 일본어로 '마코토(まこと)'라고 읽는데, 이는 원래 유교적 개념입니다. 가령 『중용』에서는 "성은 하늘의 도이며 이를 행하는 것은 사람의 도"라고 적고 있습니다. 에도 시대의 유학자 야마가 소코[山鹿素行]는 특히 이 마코토를 축으로 자신의 사상을 전개했는데, 이때 그는 주자학과는 상이한 해석을 취했습니다. 즉, 주자는 『중용』의 성을 '리(理)'와 하나가 된 상태라고 해석했는데, 소코는 '리'의 개념을 배제한 채 천지와 인간의 내적 필연에 따라 순수하게 사는 것 자체가 마코토라고 주장했습니다. 이토 진사이[伊藤仁齋]라는 유학자 또한 마코토를 인간관계에서 타자와 자신을 속이지 않는 주관적 심정의 순수함으로 이해했습니다. 이는 그때그때의 인간관계에 순수하게 전력을 다하여 관여하는 것을 주된 내용으로 삼고 있습니다. 다시 말해 마코토란 자신을 관계에 몰입시키는 무사무심(無私無心)의 표현이라는 겁니다. 마코토 하나만 있으면 그것으로 충분하다는 거지요. 우리에게도 "지성이면 감천"이라는 말이 있듯이, 일본인들 또한 마코토에 높은 가치를 부여해 왔습니다. 그러나 일본에서의 마코토 이해는 실은 '리'의 부정으로 이해된 것이라는 점에서 우리의 성 이해와는 근본적인 차이를 노정합니다. 되풀이 말하거니와 일본의 마코토는 원리적인 규범성이나 객관적인 당위성을 내포하고 있지 않는 개념입니다. 다만 마코토이기만 하면 됩니다. 대상과의 정

서적 교감 또는 공감을 통해 전체성에 자기를 버리고 순수하게 귀일하는 마코토의 정신이야말로 현세에서의 구원을 보장해 준다고 여기는 것입니다. 그것은 선악이나 정직여부 혹은 옳고 그름과는 무관한 순수성을 가리키는 일본적 관념입니다.

국학자 노리나가에게 이 마코토에 해당하는 것은 마고코로[眞心]라는 개념인데, 그는 이 마고코로에는 지혜와 어리석음, 세련됨과 졸렬함, 선과 악 등 여러 가지가 함께 나타난다고 말합니다. 다시 말해 마고코로란 인간의 범부성에 대한 철저한 인식을 토대로 집단의 질서에 순종하는 마음을 가리킵니다. 윤리학자 사가라 도오루[相良亨]에 의하면, 이런 마코토 또는 마고코로가 지향하는 일본적인 주관적 심정의 중시는 주어진 상황에서 순수하게 나를 버리고 주어진 일과 의무에 전력을 다하는 것을 의미합니다. 그것은 현실부정의 방향성을 가지지 않으며 다만 현실의 질서를 추구할 뿐이라는 겁니다. 사실 일본인에게는 어떤 행동이 선이냐 악이냐 하는 형이상학적이고 추상적인 문제보다는, 얼마만큼 자신에게 주어진 일을 성실하게 최선을 다했는가 혹은 집단과 집단의 우두머리를 위해 얼마만큼 봉사했느냐가 더 중시되는 경향이 있습니다. 마코토 자체가 하나의 종교적 궁극성을 내포하는 셈이지요. 이 점에서 마코토의 가치는 현세 중심적인 종교적 가치와 상통하는 측면이 있습니다.

「원령공주」에서 아시타카의 "흐림 없는 눈으로"라는 멘트는 바로 이런 마코토의 정신을 가리킵니다. 또한 「센과 치히로의 행방불명」의 치히로가 온천여관에서 아무런 불평 없이 자기 일에만 전념하는 모습도, 그리고 「하울의 움직이는 성」에서 "난 청소부야. 청소하는 게 나의 일이야"라는 소피의 말도 이런 마코토의 정신을 잘 보여줍니다. 마코토의 정신은 오늘날 일본의 발전을 일구어낸 중요한 원동력임에 틀림없습니다. 그러면서도 어딘가 모르게 위험하다는 느낌이 지워지지 않는군요. 이런 느낌이 그저 기우이고 편견이기를 바랄뿐입니다.

가미가쿠시, 신이 숨다

센과 치히로의 행방불명: 시골로 이사 가게 된 소녀 치히로는 가족과 함께 이상한 터널을 통과한다. 터널 너머의 세계에서 치히로의 부모는 음식을 먹다 돼지로 변한다. 치히로는 소년 하쿠의 도움으로 온천여관의 주인 유바바와 계약을 맺고 '센'이라는 새 이름을 부여받아 그곳에서 일하게 된다. 센은 지극한 성실함으로 오물신을 치료해 주고 탐욕으로 거대하게 팽창한 가오나시를 본래의 강의 신으로 돌려놓았으며, 소년 하쿠의 본래 이름을 되찾아 준다. 또한 유바바의 시험을 통과함으로써 돼지로 변한 부모를 인간으로 되돌아오게 했다. 본명을 찾은 치히로는 부모와 함께 무사히 인간세계로 귀환한다.

「센과 치히로의 행방불명」에서 '행방불명'은 일본어로 '가미가쿠시[神隱し]'라고 하는데, 왠지 이 '가미가쿠시'라는 말이 흥미롭게 느껴집니다. 문자 그대로 풀자면 '신이 숨은 것'이 되는데, 일본인들은 이걸 행방불명이라고 생각한 겁니다. 유대인 경건주의자 마틴 부버(Martin Buber)는 '신의 일식(日蝕)'을 말한 적이 있지요. 이건 유대인을 비롯한 인간의 이해할 수 없는 고난과 불행과 고통을 외면하는 듯한 신에 대한 일종의 항의가 내포된 표현입니다. 하지만 일본인이 말하는 신의 일식 즉, 가미가쿠시는 전혀 뉘앙스가 다릅니다.

일본신화에는 오늘날 천황가의 조상신이라고 말해지는 아마테라스[天照大神]라는 태양의 여신이 등장합니다. 가미가쿠시는 실로 아마테라스의 아마노이와토[天岩戶] 신화를 연상시킵니다.

아마노이와토 신화: 동생 스사노의 난폭한 행동을 견디지 못한 태양의 여신 아마테라스가 아마노이와토라는 동굴에 숨자 태양이 사라졌다. 이에 당황한 천신들이 의례를 거행한다. 아마테라스가 다시 바깥으로 나오자 태양이 다시 나타났다는 『고사기』이야기.

동굴 속에 숨어버린 태양의 여신을 다시 끌어냈다는 이 신화의 서사적 구조(스사노오의 폭행이라는 고난→숨어버림→다시 나타남)는 「센과 치히로의 행방불명」에서 다른 형태로 반복되어 나타납니다. 어두운 터널로 들어감과 나옴을 매개로 하여 여주인공이 겪는 아이덴티티의 상실과 고난 및 아이덴티티의 회복이 그것입니다.

하지만 이 애니의 의미공간은 단순히 소녀의 심리적인 성장이야기에만 한정되어 있지 않습니다. 그것은 잃어버린 전통과 사라져가는 역사에 대한 비탄, 공허한 물질주의가 지배적인 현대사회에 대한 비판, 사회적/문화적/정신적/영적 붕괴 및 그 추락의 끝에서 발견되는 카니발적 비전의 제시, 부패와 청정, 청소와 정화, 식욕과 오물, 가면과 이름, 숭고와 추악, 결핍과 과잉 등에 관련된 풍부한 상징구사를 통한 인간본질의 투영 등, 「센과 치히로의 행방불명」은 대단히 폭넓은 스펙트럼에 걸쳐 있는 애니입니다. 이제 이런 복합적인 의미망을 특별히 일본이라는 시공간에 던져 보려 합니다.

"터널 저편은 기이한 거리였습니다."

영화의 이런 카피는 가와바타 야스나리[川端康成]의 『설국』을 연상시킵니다. 혹은 루이스 캐롤의 『이상한 나라의 앨리스』를 생각나게 합니다. 둘 다 초입부에서 주인공이 터널을 통해 낯선 공간으로 들어가기 때문입니다. 어쨌거나 치히로가 터널을 건너자 그곳에는 20세기 초 근대 일본의 고풍스런 건물이 늘어선 거리가 나타납니다. 치히로의 부친은 그 거리를 버블기 테마파크의 잔해라고 해석합니다. 그 거리에서 그녀의 부모는 돼지가 되고 맙니다. 여기서 돼지란 양친의 부재를 의미하는 상징물이라 할 수 있겠지요. 이제 그녀는 혼자서 세계의 불가사의에 맞서야만 합니다. 이윽고 그녀는 '아부라야[油屋]'라는 간판이 걸린 거대한 온천여관으로 들어갑니다.

그로테스크한 분위기의 그 온천여관은 부패와 청정이 동전의 양면을 이루는 공간입니다. 온천 혹은 목욕탕은 일본문화의 전통을 대표하는 공간이라 할 수 있습니다. 일본인만큼 물의 쾌락이 무엇인지를 알고 즐기는 민족도 드무니까요. 그러니까 일본인에게 목욕 혹은 온천욕이란 단지 신체를 깨끗하게 하는 일상적 행위에만 그치지 않습니다. 그것은 신체적 쾌락뿐만 아니라 정신적 쾌락을 수반하는 일종의 종교적 의식과도 맞닿아 있습니다. 물로 몸을 씻어내는 행위는 일찍이 신화적 공간에서 '미소기[禊]'라는 신도의식으로 나타났습니다. 『고사기』에는 이자나기가 황천국을 방문하고 돌아온 뒤 부정을 씻어내기 위해 강물로 몸을 씻었다는(이때 왼쪽 눈을 씻자 아마테라스가 태어났다고 합니다) 이야기가 나옵니다. 이것이 미소기의 신화적 기원입니다. 요컨대 온천여관(목욕탕)이라는 공간은 그 신도적 기원에 있어 일본의 문화적 고유성에 토대하고 있습니다.

오물신과 재생의 욕망

그런데 「센과 치히로의 행방불명」에서 이런 온천여관을 찾는 손님은 인간이 아니라 신들입니다. 우리는 여기서 신들도 목욕을 해야만 한다는 것, 신들도 더럽혀질 수 있다는 것, 즉 신은 결코 완전한 존재가 아니라고 하는 일본적 신관념을 엿볼 수 있습니다. 어쨌거나 치히로가 경험한 많은 신들 가운데 특히 인상적인 두 신에 대해 생각해 보고 싶습니다.

그 첫 번째는 오물신입니다. 치히로가 오물신의 몸에 박힌 큰 가시를 빼내자 거기서 미끄럼틀, 폐자전거, 매트리스 스프링 등 근대문명의 폐품들이 쏟아져 나왔습니다. 그러자 오물신은 고명하고 아름다운 강의 신 본래의 모습을 되찾았지요. 미야자키 감독은 이 장면과 관련하여 "일본의 강의 신들은 저 오물신처럼 슬프고 애절하게 살아간다. 이 일본이라는 섬나라에서 고통 받는 것은 인간만이 아니다"라고 말한 적이 있는데, 여기서 우리는 오물신 이야기가 단순히 판타지의 세계에만 존재하는 신들의 이야기가 아니라 바로 현대 일본인의 이야기이기도 하다는 점을 이해하게 됩니다. 그것은 일본의 위기를 암시합니다.

그러나 오물신이 항상 부정적인 의미로만 해석될 수 있는 것은 아닙니다. 가령 고대 일본의 풍습에서 변소에 빠진 아이에게는 센[千] 또는 센[仙]으로 새 이름을 지어주었다고 합니다. 그럼으로써 새롭게 복을 받을 수 있다고 여긴 거지요.「센과 치히로의 행방불명」의 주인공 소녀도 더러운 오물의 세계로 빠지고 센[千]이라는 새 이름을 부여 받습니다. 그러니까 이 영화에서 변소의 신, 즉 오물신이 등장하는 것은 아주 자연스럽게 보입니다. 그렇다면 왜 고대 일본에서 오물신이 복을 준다고 한 걸까요? 오물은 비료가 되어 새로운 생명을 키워주기 때문일지도 모릅니다.

그래서인가 민속학자 미나가타 구마구스[南方熊楠]는 「변소의 신(厠神)」이라는 글에서 "오물신은 푸른 옷을 입고 하얀 지팡이를 가지고 있다"고 지적했습니다. 이는 「바람계곡의 나우시카」에 나오는 '푸른 옷을 입고 황금색 들판에 나타나 잃어버린 대지와의 유대를 회복시키며 사람들을 푸른 청정의 땅으로 인도하는 구원자'인 나우시카의 이미지를 연상시킵니다. 여기서 '황금색 들판'이란 바로 오물(똥)더미의 이미지와 겹치는 것이지요.

바람계곡의 나우시카: 1984년 작. 거대한 산업문명이 붕괴하고 천 년 뒤, 지상의 모든 것들이 죽고 오염되었으며 부해라 불리는 유독한 숲이 확장되면서 남은 인류의 생존을 위협한다. 그러나 소왕국 '바람계곡'은 바닷바람의 도움으로 그럭저럭 생존을 유지한다. 이 왕국의 공주 나우시카는 부해에 사는 거대한 벌레 오무[王蟲]와 커뮤니케이션을 취할 수 있다. 어느 날 바람계곡에 한 대의 수송선이 추락한 사건을 계기로 대국 토르메키아의 크샤나가 군대를 이끌고 바람계곡을 습격한다. 그 추락한 수송선에는 천년 전 '불의 7일간' 동안 세계를 불살라 버렸다는 괴물 거신병의 화석이 실려 있었다. 크샤나는 이 거신병을 되살려 나우시카는 거신병을 막으려 하지만, 힘없는 주민들은 결국 토르메키아 군대에게 협력하게 된다. 한편 토르메키아군은 페지테와 전쟁 중에 있었는데, 페지테군

은 바람계곡의 토르메키아군을 제거하기 위해 새끼 오무
를 미끼로 하여 엄청난 오무떼를 바람계곡으로 유인한다.
그때 나우시카는 자기 몸을 던져 오무떼의 돌진을 정지
시킨다. 나우시카의 이와 같은 자기희생으로 바람계곡은
멸망의 위기를 벗어나고, 오무떼는 죽은 나우시카를 다시
살려낸다.

또한 미야자키 감독이 「바람계곡의 나우시카」에 나오는 부
해(腐海)의 숲이 정화작용을 한다고 설정한 이유도 부해가 가
지는 오물의 이미지와 겹칩니다. 거기에는 오물이란 새롭고
청정한 세계를 낳는 재생의 원천이라는 관념이 깔려 있습니
다. 악취나는 오물은 단순한 악이 아니라, 근본적으로 선과의
결합물이라는 거지요.

앞 장에서 다루었듯이 선악의 완벽한 구분은 허상일 뿐입
니다. 누구나 그리고 모든 것이 선악의 양면성을 가지고 있습
니다. 더러운 것과 깨끗한 것의 구분도 다만 편의에 의한 허상
일 뿐입니다. 세계는 더러움 없이 존재할 수 없으니까요. 소녀
가 일하는 거대한 온천여관에는 더럽혀진 신들이 찾아옵니다.
청결 그 자체라 할 수 있는 사춘기의 소녀가 그런 더러움을
의미 있는 것으로 승인하는 이야기, 양면성을 받아들이는 소
녀의 경험 이야기가 바로 「센과 치히로의 행방불명」입니다.
더럽혀진 신들을 물로 씻어내 주는 것이 소녀의 일입니다. 그

렇게 씻어내면 더러움을 완전히 추방하고 제거할 수 있을까요? 악을 정복하고 악마를 영구히 추방할 수 있다고 믿는 유대기독교적인 서구인들과는 달리 일본인들은 그렇게 생각하지 않는 듯 합니다. 더러움을 씻어내면 깨끗한 상태로 되돌아갈 수 있지만, 시간이 지나면 다시 더러움이 끼게 되며 이는 매우 자연스러운 생명의 흐름이라고 여기기 때문입니다. 더러운 것은 나쁜 것이 아니라 다만 씻어낼 필요가 있는 어떤 것일 따름입니다. 이제 소녀는 "더러워"라는 말을 경멸하듯이 내뱉으며 고개를 돌리지 않습니다. 더러움과 깨끗함은 늘 순환하고 교차하는 재생의 계기니까요. 하지만 온천여관은 언제나 그 자리에 있을 겁니다. 그러니까 정말 중요한 것은 온천여관의 존재 그 자체이지요.

물이 넘쳐나는 그 온천여관의 분위기는 타르코프스키 감독의 「노스탤지어」를 연상시킵니다. 사실 「센과 치히로의 행방불명」은 「노스탤지어」를 모방한 구석이 있습니다. 가령 「노스탤지어」도 주인공이 자동차를 놓아두고 초원을 건너가는 장면부터 영화가 시작됩니다. 그리고 「노스탤지어」의 주된 무대 또한 물이 넘치는 대중온천입니다. 어쨌거나 물은 일반적으로 카오스, 무정형, 태내, 양수, 모성, 대지, 죽음, 정화, 재생 등의 다양한 의미를 내포하는 상징입니다. 그런 물이 넘쳐흐르는 온천여관으로의 이계여행은 한편으로 소녀의 내면세계에 대한 탐구이기도 합니다. 더럽혀진 신들은 소녀의 외부에만 존재하는 것은 아닙니다. 내부와 외부는 우리가 알아채지 못하는 곳에서 늘 겹쳐져 있습니다. 외부에도 숨겨진 내부가 있고, 내부에도 겹쳐진 외부가 있게 마련이지요.

가오나시와 과잉의 기호학

이처럼 오물신은 재생의 욕망과 연결되어 있습니다. 하지만 오물신의 장면이 본질적으로 구토와 배설의 과잉을 보여주는 영상이라는 점을 부인할 수 없습니다. 과잉이란 무엇일까요? 그것은 재생의 욕망과 어떤 관계가 있을까요? 과잉은 「센과 치히로의 행방불명」에서 넘쳐나는 물과 오물의 이미지와 더불어 또 하나의 인상적인 신, 즉 '가오나시'의 장면에서도 두드러지게 나타납니다. 가오나시는 일본어로 '얼굴 없음[顔無し]'을 뜻하는 이름이지요. 영화에서 이 캐릭터는 얼굴이 없습니다. 그저 가면 같은 하얀 얼굴에 검은 신체를 갖고 있지요. 갈수록 흉폭해지는 이 신은 "외로워, 외로워. 갖고 싶다, 갖고 싶다. 먹고 싶어, 먹고 싶어"라는 말만 되풀이하면서 탐욕스럽고 게걸스럽게 모든 것을 먹어 치우는 블랙홀 같은 존재로 묘사되고 있습니다. 그는 다른 생명체를 먹어야만 목소리를 낼 수 있으며, 그리스 신화에 나오는 에코처럼 자기 목소리를 갖고 있지 않습니다. 그리하여 끊임없이 모든 것을 먹어치우는 가오나시의 몸은 갈수록 거대하게 팽창합니다.

이런 그로테스크한 신체성은 온갖 부정성과 이물질의 뒤섞임, 하반신의 쾌락, 기이한 배치와 패러디, 일탈과 과잉의 모

순을 시사해 줍니다. 어쩌면 그것은 제국주의적 근대일본의
팽창주의를 상징하는 과잉일지도 모릅니다. 이 영화에서 묘사
된 일본은 1930~1940년대의 일본입니다. 다시 말해 미야자
키 감독이 이 영화의 배경으로 염두에 둔 것은 전전의 제국주
의 일본인 것이지요. 문예비평가 오스기 시게오[大杉重男]는
흥미롭게도 '아부라야[油屋]'라는 온천여관에서는 거대한 유
곽을, 그리고 치히로에게서는 팔려온 게이샤 견습생을 연상합
니다. 그곳을 찾는 손님은 모두 남자(남신)뿐이고, 메이지시대
초기까지만 해도 공중목욕탕에서 공공연히 매춘이 이루어졌
다는 사실을 염두에 두건대 이는 전적으로 근거 없는 연상이
라고는 여겨지지 않습니다. 더 나아가 가오나시의 신체성은
자본주의적 근대일본의 과잉소비문화, 감정과 이성의 과잉,
기계적 신체의 과잉을 표상하는 것일 수도 있겠지요.

그 과잉을 뒤집어보면 거기에는 텅 빈 결핍과 부재의 얼굴 없
는 기호들이 우글거리고 있습니다. 텅 빈 기호로서의 가오나시,
그것은 일본의 현주소를 말해주는 매우 역설적인 지표입니다. 왜
냐하면 그것은 재생의 욕망과 결부된 지표이기 때문입니다. 재생
을 위해서는 비움이 필요하니까요 「원령공주」 영화 상영 시의
캐치카피였던 "살아라, 그대는 아름다우니!"라는 말을 "먹어라,
그대는 아름다우니!"라고 바꾸어 보면 어떨까요? 먹어서 썩히고
(소화시키고) 배설을 해야 살 수 있으니까요 어쩌면 일본의 가미
[神]란 오물(부패)로부터 재생에 이르도록 인도하는 모든 것들을
지칭하는 말이었는지도 모릅니다. 어쨌거나 미야자키 감독은 오

물신과 가오나시라는 캐릭터를 통해 끊임없이 일본의 재생을 촉구하는 메시지를 발신하고 싶어 했던 것 같습니다.

일본의 재생을 촉구하는 미야자키 감독의 메시지는 이름의 상실과 회복이라는 모티브에서도 엿볼 수 있습니다. 치히로, 치히로의 부모, 하쿠, 오물신 등은 모두 자기 이름을 기억하지 못하거나 혹은 상실합니다. 자기 이름을 잊는다는 것, 그것은 모든 정체성의 상실을 의미합니다. 이름을 빼앗는다는 것, 그것은 이름을 빼앗긴 자에 대한 지배를 뜻합니다. 이름을 지어주는 것도 마찬가지입니다. 가령 창세기에는 아담이 모든 만물의 이름을 지어주었다고 나오는데, 실제로 서구에서는 자연에 대한 인간의 지배가 정당화되어 한편으로 과학이 발전하는 계기가 되었고 다른 한편으로는 자연파괴를 초래하기도 했습니다. 마찬가지로 온천여관의 주인 유바바는 치히로의 이름을 빼앗고 센이라는 새 이름을 부여함으로써 소녀주인공을 지배하려 듭니다. 이 장면은 식민지를 경험한 우리에게는 창씨개명을 떠올리게 합니다만, 어쨌거나 지배하고 지배당하는 자는 양자 모두 왜곡되고 타락하게 됩니다. 인간의 지배와 피지배라는 슬픈 역사를 생각할 때마다 인간에게 다른 가능성은 없는 걸까 하는 물음을 떨쳐 버릴 수 없습니다. 혹 판타지가 그런 가능성을 제시해 줄 수 있을까요? 미야자키 감독은 그럴 수 있다고 생각한 듯싶습니다. 그래서 「센과 치히로의 행방불명」은 치히로와 그녀의 부모, 하쿠와 오물신 등이 모두 자기 이름을 되찾는 걸로 끝납니다.

판타지, 현실이 닿지 않는 꿈의 영역

판타지의 가능성

판타지란 무엇일까요? 인간은 판타지 없이도 잘 살 수 있을까요? 판타지가 제거된 세계는 어떤 모양을 하고 있을까요? 이런 물음에 대해 어떤 대답을 내리든 간에 만화나 애니메이션이 표현할 수 있는 판타지의 가능성은 무한합니다. 그 첫 번째 가능성은 말할 것도 없이 신화적 세계의 재현에 있습니다. 예를 들어 「원령공주」에서 아시타카가 멧돼지신(다타리가미)을 퇴치하고 에보시가 디다라봇치의 목을 날려버리듯이, 미야자키 애니에는 종종 '괴물퇴치' 이야기가 나옵니다. 이는 야마타노오로치[八岐大蛇]라는 용신을 퇴치하는 「스사노 신화」를 연상시킵니다. 또한 「천공의 성 라퓨타」는 라퓨타 왕국의 계승자인 소녀 시타가 비행석과 함께 하늘에서 내려오는 장면부터 시작되는데, 이 장면은 일본신화에서 가장 중요시되는 한 장면을 연상시킵니다. 아마테라스의 손자인 니니기가 삼종의 신기(거울, 구슬, 칼)를 가지고 지상으로 내려와 나라를 세운다는 천손강림신화가 그것입니다.

스사노 신화: 아마노이와토 사건 이후 천상에서 추방당한 스사노가 지상에 내려와 머리가 8개 달린 거대한 용을 퇴치하고 구시나다히메라는 여성과 결혼했다는 『고사기(古事記)』 이야기.

이 때 삼종의 신기는 천황의 왕권을 상징합니다. 마찬가지로 「천공의 성 라퓨타」에서는 비행석이라는 신비로운 돌의 소유자가 라퓨타 왕국의 계승자로 설정되어 나옵니다.

천공의 성 라퓨타: 1986년 작. 신비로운 돌(비행석)을 지닌 라퓨타 왕국의 후예 시타 공주는 그 돌을 노리는 군대와 해적 일당을 피해 도망치다가 파즈라는 소년을 만난다. 계속 쫓기던 시타는 결국 군대에게 붙잡히지만, 우연히

라퓨타를 개방시킨다. 라퓨타 성을 정복하여 세계를 지배
하려던 정부요원 무스카의 시도가 무산되고 적들은 라퓨
타를 떠난다. 그 후 라퓨타 성은 파괴되고 비행석과 거목
만이 남는데, 이 둘이 합쳐져 하늘로 올라가 영원히 천공
을 부유한다.

미야자키 감독이 일본신화뿐만 아니라 히브리 신화라든가
그리스 신화 등을 참고한 흔적도 많이 발견됩니다. 가령 치히
로가 유바바와의 계약에서 이름을 센으로 바꾸는 장면은 '아브
라암'이 야훼신과의 계약 후 이름을 '아브라함'으로 바꾸는 이
야기를 연상시킵니다. 또한「붉은 돼지」와「센과 치히로의 행
방불명」에서 나오는 인간이 돼지가 되는 이야기는 그리스 신
화에서 오디세우스의 부하들이 마녀 키르케에 의해 돼지로 바
뀌는 장면과 겹쳐집니다. 나아가 오물신을 정화시키는 이야기
(「센과 치히로의 행방불명」)는 헤라클레스가 아우기아스 왕의 3
천 마리의 말이 있는데 30년간이나 청소를 하지 않았다는 마구
간을 단 하루 만에 청소했다는 그리스 신화를 떠올리게 합니다.
　두 번째는 이계여행의 묘사와 관련된 판타지적 가능성으로
서 이는 첫 번째 가능성과 밀접한 관련성을 가집니다. 가령「센
과 치히로의 행방불명」에서 치히로의 이계여행이라든가「하
울의 움직이는 성」에서 성문을 통한 주인공 소피의 이계여행
을 들 수 있겠습니다. 또는 시시가미의 숲도 천연의 미궁으로

이루어진 일종의 이계라 할 수 있겠지요. 아시타카는 그 미궁의 숲을 찾아 여행을 떠납니다. 이런 이계여행의 모티브는 일본인들에게 그다지 낯설지 않습니다. 사실 일본신화에는 이계를 여행하는 이야기가 많이 나옵니다. 이자나기의 황천국 방문신화라든가 오호쿠니누시[大國主神]의 근국(根國, 지하세계) 방문신화 혹은 호오리의 해궁 방문신화 등이 대표적입니다. 이 신화적 주인공들은 이계를 여행하면서 종종 그곳의 여자와 결혼한 후 주술적 힘을 획득하고 지상에 돌아와 나라를 세우는 주역으로 묘사되기도 합니다.

이자나기의 황천국 방문신화: 이자나기와 함께 일본열도를 낳은 대모여신 이자나미가 불의 신을 출산하다가 죽자, 이자나기는 죽은 아내를 다시 데려오고자 황천국을 방문한다. 그러나 금기를 어긴 탓으로 뜻을 이루지 못하고 오히려 이자나미의 분노를 샀다는 이야기.

오호쿠니누시의 근국 방문신화: 자신을 죽이려는 형들을 피해 근국으로 도망친 오호쿠니누시는 그곳에서 스사노의 딸 스세리비메와 눈이 맞고, 둘이 세 가지 주술적 보물(칼, 활, 거문고)을 훔쳐 근국을 탈출한 후 이즈모[出雲]에 나라를 세웠다는 이야기.

호오리의 해궁 방문신화: 형 호데리에게 빌린 낚싯바늘을 잃어버린 호오리가 그것을 찾기 위해 해궁을 방문하고 그곳에서 해신의 딸 도요타마히메와 결혼한다. 낚싯바늘을 되찾은 호오리가 주술적 능력을 획득한 후 지상에 돌아와 호데리를 제압하고 통치권을 확보했다는 이야기. 이 호오리의 손자가 제1대 진무[神武]천황이라고 한다.

판타지의 세 번째 가능성은 동물과의 커뮤니케이션 묘사에서 찾을 수 있습니다. 이창동 감독의 영화 「오아시스」는 사람과 사람 사이의 커뮤니케이션 불통이라는 주제를 다루고 있는데, 미야자키 감독은 인간들 사이의 커뮤니케이션뿐만 아니라, 숲과 인간, 동물과 인간, 신과 인간 사이의 커뮤니케이션을 다루고 있습니다. 이와 관련하여 미야자키 감독이 영향을 받은 미야자와 겐지라는 시인이 생각나네요. 가령 그의 잘 알려진 시 「봄과 수라(春と修羅)」는 심지어 무생물에 이르기까지 존재하는 모든 것들 아이에 커뮤니케이션이 가능하다는 판타지의 세계를 묘사하고 있습니다.

나(私)라는 현상은 / 가정된 유기교류전등의 / 하나의 푸른 조명입니다 / (모든 투명한 유령의 복합체) / 풍경과 그 밖의 다른 모든 것들과 함께 / 끊임없이 생사유전하면서 / 빛을 발하는 / 인과교류전등의 / 하나의 푸른 조명입니다 / (하나의 전등을 잃더라도 빛의 발광은 계속될 것입니다)
　　　　　　　　　　　　　　　　　　　 － 미야자와 겐지, 「봄과 수라」에서

미야자키 판타지에서 빼놓을 수 없는 또 하나의 가능성은 비행 혹은 비상의 요소입니다. 이 비행의 깊은 의미를 이해하려면 수없이 반전하는 여러 우회로를 거쳐야만 합니다. 그 첫 번째 길은 윤리와 도덕입니다. 미야자키 애니는 매우 윤리적이고 도덕적인 메시지를 함축하고 있지요. 그것은 때로 교과서적이고 상투적인 내용의 교훈처럼 비쳐지기도 하지만 결코 작지 않은 울림으로 사람들의 마음을 파고드는 것도 사실입니다. 구체적으로 그의 윤리적 비전은 '잃어버린 어떤 것'을 회복하는 이야기와 '지금 우리에게 가능한 것은 무엇일까'를 묻는 이야기들을 통해 나타납니다. 이 때 '잃어버린 어떤 것'이란 숲이나 자연 혹은 신이 될 수도 있고, 고즈넉한 고향의 전원미라든가 아니면 자연미와 인공미가 문화적으로 조화를 이룬 도시적 미학일 수도 있습니다.

한편 '가능성'의 비전에서 우리는 두 번째 우회로로 접어들게 됩니다. 그것은 앞에서 살펴본 소녀 캐릭터들을 통해 극적으로 표현된 비전입니다. 전술했듯이 미야자키 애니의 소녀 캐릭터들은 일본사회에서 분명 새로운 가능성에 대한 도전적인 시도라 할 수 있습니다. 그리고 「붉은 돼지」의 피오에서 나우시카, 사츠키와 메이, 키키, 치히로, 소피에 이르기까지 그 소녀들은 한결같이 하늘을 날아다닙니다. 이것이 바로 세 번째 우회로입니다. 저도 단 한 번 하늘을 나는 꿈을 꾼 적이 있는데, 그것은 지금까지도 특별한 기억으로 남아 있습니다. 비상은 기억하고 싶지 않은 과거의 상처나 전통의 굴레로부터 탈출하고 싶은 원망의 표현입니다. 미야자키 작품들의 서두가 공통적으로 '붕괴 후의 세계'라는 극단적인 상황설정에서 시작되는 것도 이런 원망과 관계가 있습니다. 가령 「바람계곡의 나우시카」라든가 「하울의 움직이는 성」은 일련의 최종전쟁에 의해 붕괴된 지구 혹은 이유를 알 수 없는 전쟁이 진행 중인 황폐한 공간을 이야기의 배경으로 설정하고 있습니다. 또한 「이웃의 토토로」라든가 「마녀 배달부 키키」는 가족의 부재 혹은 상실에서 비롯된 내면의 정신적 붕괴 상태를 이야기의 배경으로 암시하고 있습니다. 사츠키와 메이가 시골집으로 이사한 첫 날에 경험한 '마쿠로 구로스케'라는 곰팡이 정령들, 그리고 자신감을 잃음으로써 비상의 능력을 상실한 마녀 배달부 키키의 위기는 바로 이런 정신적 붕괴를 상징합니다.

상상력의 파시즘

이상과 같은 다양한 가능성만이 판타지의 전부는 아닙니다. 우리는 판타지의 한계를 간과해서는 안 될 것입니다. 판타지는 하나의 갈림길입니다. 즉, 우리는 판타지 앞에서 현실로부터 도피하는 길과 현실을 비추어주는 길을 선택하게 됩니다. 사실과 허구가 뒤섞인 표현기법을 쓰고 있는 미야자키 애니는 이런 의미에서 탁월한 판타지라 할 수 있습니다. 그런데 판타지에는 두 갈래로 갈라진 길뿐만 아니라 또한 겉과 속이 있습니다. 미야자키 애니의 신화세계는 한편으로 폐쇄적인 반복성을 보여줍니다. 예컨대 거기에는 자연(숲)과 공존하고 조화를 이루려는 캐릭터와 근대적 기계문명과 테크놀로지에 의한 무기로써 자연을 지배하려는 캐릭터가 함께 등장합니다. 이 때 전자는 종종 자연과의 공감능력 및 동물들과의 의사소통 능력을 가지고 있는 소녀로 설정되어 나옵니다. 가령 하이지(「알프스 소녀 하이지」), 라나(「미래소년 코난」), 크라리스(「루팡3세 카리오스트로의 성」), 시타(「천공의 성 라퓨타」), 나우시카(「바람계곡의 나우시카」), 산(「원령공주」)처럼 말입니다. 이에 비해 후자는 클라라(「알프스 소녀 하이지」), 몬스리(「미래소년 코난」), 쿠샤나(「바람계곡의 나우시카」), 에보시(「원령공주」)처럼 종종 인간중심적인 공동체 구축을 위해 자연파괴를 필요악으로 보는 젊은 여성 캐릭터로 설정됩니다. 이처럼 대립되는 두 여성상에 대해 SF판타지 비평가 고타니 마리[小谷眞理]는 양자를 각각 테크노포비아(technophobia, 테크놀로지 혐오자)와 테크노필리아(technophilia, 테크놀로지 애호가)라는 범주로 분류하기도 합니다. 또한 문화비평가 기리도시 리사쿠[切通理作]는 테크노포비아에 해당되는 범주로서 '소녀계 에코페미니즘'이라는 표현을 쓰기도 합니다.

한편 문예비평가 오스기 시게오는 "일본이란 무엇인가"를 물으면서, 일본에서는 '중요한 무언가'가 항상 다른 어떤 것으로 교체되어 있다고 말합니다. 그러니까 일본이란 이런 결여 자체에 붙여진 이름이라는 겁니다. 그에 의하면 일본어도 그런 구조를 가지고 있습니다. 예컨대 일본은 9세기에 한자로부터 가나[假名]를 만들었습니다. 그런데 한자는 빌려온 얼굴이고 가나는 임시의 가짜 얼굴이며, 진짜 얼굴은 어디에도 없다는 겁니다. '어디에도 부재한다'는 것, 그것을 우리는 '유토피아(utopia, u는 부정어이고 topia는 장소를 가리키는 말)'라고 부릅니다. 이런 "유토피아를 구상하는 자는 그 유토피아 안에서의 독재자"라는 유대인 정치철학자 한나 아렌트(Hannah Arendt)의 말처럼, 판타지를 만들거나 누리는 자는 그 판타지 안에서의 독재자일지도 모릅니다. 일본인이 만화나 애니메이션을 좋아하는 것도 마찬가지 구조를 가지고 있습니다.

다시 말하거니와 판타지에는 겉과 속이 있습니다. 가령 판타지는 일면 이데올로기를 거부하는 듯한 제스처를 취합니다. 그것은 판타지의 표면입니다. 하지만 실은 판타지 자체가 항상 이데올로기적인 역할을 수행하기도 하지요. 이것은 판타지의 이면입니다. 좀 기이한 어법을 쓰자면, 판타지(작품)는 판타지(이데올로기)로 교묘하게 위장된 판타지(허상)입니다. 예를 들어 봅시다. 「원령공주」의 다타라바에는 두 종류의 전혀 이질적인 여성 섹슈얼리티가 등장합니다. 하나는 가혹한 노동으로 화장기 하나 없이 손발이 억세진 여성 노동자(산)이고, 다른 하나는 전투적인 방식으로 사업도 일으키고 다이어트에도 성공한 세련된 도회풍의 미인 사업가(에보시)입니다. 양자 사이에는 넘기 어려운 큰 강이 흐르고 있지요. 그럼에도 불구하고 우리는 그런 모순을 쉽게 알아채지 못합니다. 판타지(숲의 신들과의 신화적 전쟁, 산과 아시타카와 에보시 사이의 미묘한 로

망)와 이데올로기(에보시의 휴머니즘)가 우리 시야를 가로막고 있기 때문입니다. 또한「붉은 돼지」같은 작품은 스스로 돼지가 되기를 원한 주인공 포르코의 판타지와 전체주의적 파시즘에 대한 비판이라는 이데올로기가 서로 뒤엉켜 있음으로 해서 작품 전체의 해독을 애매하게 만들고 있습니다.

붉은 돼지: 1992년 작. 시대적 배경은 1920년대 말, 전쟁의 참혹함을 잊기 위해 스스로 마법을 걸어 돼지가 된 공군 비행사 포르코 롯소는 이탈리아의 무인도에 혼자 살면서 '하늘의 해적'들을 소탕한다. 사람들은 그를 '붉은 돼지'라 부른다. 그는 가끔 오랜 연인 지나를 만나 과거를 회상한다. 한편 힘에 부친 해적들은 미국인 조종사 도널드를 고용하여 포르코와 싸우게 한다. 이 싸움에서 비행기가 파손된 포르코는 피콜로에게 비행기 수리를 의뢰한다. 그 후 비행기 설계자인 피콜로의 손녀딸 피오와 함께 은신처에 도착한 포르코는 거기서 해적들을 만나 도널드와 공중전으로 승부를 가린다. 마침내 승리한 포르코에게 피오가 키스를 하자 그는 마법이 풀려 원래 모습으로 돌아온다.

미야자키 애니는 때때로 판타지적 요소가 너무 강렬한 나머지 관객들에게서 숨겨진 밑그림의 이데올로기를 제대로 보지 못하도록 방해합니다. 그것은 감성 차원에서 이루어지는 일종의 전체주의라 할 수 있지요. 그래서 오스기 시게오 같은 비평가는 특히 일본을 강하게 의식하면서 만들어진 「원령공주」나 「센과 치히로의 행방불명」 등을 비롯하여 미야자키 애니 전반에서 은밀한 '제국주의적 욕망'을 읽어내고 있습니다. 그에 의하면 일본은 애니메이션의 제국이며 미야자키 애니는 제국의 애니메이션이라는 겁니다. 작가 야마구치 이즈미[山口泉] 또한 이와 유사한 어조로 미야자키 애니를 비판하고 있습니다. 그에 의하면 판타지만큼 작가에게 자유를 허락하는 장르는 없으며, 동시에 판타지만큼 작가의 정치적 의식이 드러나는 장르도 다시없다는 겁니다. 그리고 현재 어느 독재국가도 일본의 애니만큼 파시즘을 실현시킨 전체주의 국가는 없다고 잘라 말합니다. 그는 이를 '압정(壓政)으로서의 판타지'라든가 '상상력의 파시즘'이라고 표현합니다.

허수아비의 판타지

어쨌거나 여러 가지 의미에서 판타지는 한계를 지니고 있고 관객의 눈을 닫게 만들기도 한다는 거지요. 하지만 미야자키 감독의 모든 작품이 다 그런 것은 아닙니다. 가령 「귀를 기울이면」은 열린 관객과의 동시대적 커뮤니케이션이 성공적으로 이루어질 수 있음을 멋지게 보여줍니다. 이 작품은 화려한 언설이나 신화적 스타일에 매달리지 않은 채, 일상의 재발견을 통해 삶의 의미를 찾아내려는 태도를 견지함으로써 버블경

제 종식후의 일본인들의 심성을 잘 어루만져 주었다고 생각됩니다. 그러나 미야자키 감독은 이런 가능성을 확장시키는 대신 「바람계곡의 나우시카」로부터 「원령공주」, 「센과 치히로의 행방불명」, 「하울의 움직이는 성」에 이르기까지의 신화적인 판타지의 세계로 되돌아갔습니다.

하울의 움직이는 성: 2004년 작. 돌아가신 아버지 대신 모자가게를 운영하는 18세의 소피는 무기력에 빠져 있다. 그러던 어느 날 골목길에서 군인들에게 희롱을 당하던 소피를 마법사 하울이 구해준다. 이 사건 이후 하울에게 마음을 빼앗긴 소피는 하울을 짝사랑하는 '아레치 마녀'의 질투로 인해 마법에 걸려 90세의 노파로 변한다. 이리하여 집을 나온 소피는 황야를 헤매다 허수아비를 만나고 하울의 움직이는 성에 들어가 청소부가 된다. 거기서 소피는 불의 악마 가루슈파와 하울의 비밀을 알게 되고, 무한한 성실성과 사랑으로 하울과 가루슈파를 원래 모습으로 돌려놓는다.

그럼으로써 결국 미야자키 감독은 손쉬운 길을 선택한 것이 아닐까요? 가령 「하울의 움직이는 성」에 나오는 허수아비 캐릭터와 해피엔딩의 결말부를 생각해 봅시다. 허수아비는 실은 마법에 걸린 이웃나라의 왕자인데, 거꾸로 박힌 채 황야에 버려져 있던 그를 소피가 꺼내 줍니다. 이에 보은(이는 전통적인 일본적 가치입니다)하기 위해 허수아비는 소피가 가는 곳마다 따라다니며 소피를 도와줍니다. 마침내 소피의 입맞춤에 의해 마법이 풀린 허수아비는 원래의 왕자 모습으로 돌아오고 전쟁의 평화로운 종식을 약속합니다. 한편 불의 악마 가루슈파는 실은 어린 시절 하울의 심장인데, 이 가루슈파야말로 하울의 성을 움직이는 장본인입니다. 그 가루슈파의 불기운이 약해지자 하울 또한 마법의 힘을 상실합니다. 그러자 소피는 시간 여행을 통해 하울의 어린 시절로 돌아가 하울과 가루슈파의 비밀을 알아낸 후, 가루슈파를 하울의 몸 안에 넣어주어 소생시킵니다. 왕궁의 대마녀 사리만은 사태가 뜻한 대로 전개되지 않자 싱겁게도 아주 간단히 전쟁의 종식을 선언합니다. 마치 게임에 물린 아이처럼 말이죠. 그것은 너무 애매한 타협과 절충이고 손쉬운 해결이라서 보는 이들을 허탈하게 만듭니다. 마치 우리 자신이 허수아비가 된 듯한 기분도 들고요. 모든 축제가 끝난 뒤 막이 내리고 나면 우리는 미야자키 판타지 자체가 참새의 허수아비였다는 사실을 알게 될지도 모릅니다. 그 때는 참새들이 허수아비와 인간을 구별할 줄 알게 됨으로써 더 이상 허수아비를 무서워하지 않겠지요. 그리고 허수아비(판타지)는 더 이상 참새(선악과 옳고 그름을 따지는 이데올로기)를 쫓아내지 못할 겁니다.

마녀, 생명과 교감하는 캐릭터

고대적 여성원리의 부활

마녀 배달부 키키: 1989년 작. 인간 오키노와 마녀 고키리 사이에서 태어난 키키는 13세가 되던 만월의 밤에 1년간의 마녀 수행을 하기 검은 고양이 찌찌와 함께 위해 도시로 떠난다. 바다를 동경했던 키키는 바다가 보이는 마을에 정착하고 그곳의 어느 빵집에서 일하며 우편배달부 아르바이트를 한다. 그러던 중 돔보라는 친구를 알게 되지만, 곧 마법의 힘을 잃고 방황하던 키키는 사고가 발생하여 위기에 처한 돔보를 구하기 위해 자신감을 되찾고 다시금 하늘을 날 수 있게 된다.

「마녀 배달부 키키」를 보신 분이라면 아마도 한번쯤은 의외의 신선한 느낌을 가졌을 법합니다. 빗자루를 탄 추한 할멈의 이미지를 예상했다가 뜻밖에 귀엽고 순진한 소녀, 빗자루도 제대로 타지 못하는 키키가 마녀 캐릭터로 설정되어 나오기 때문이지요. 사전적 정의에 따르자면, 마녀란 기독교라는 가부장제적 종교가 세력을 확장하기 이전의 이교적 세계에 있어 지도적인 여성들을 가리키는 말입니다. 그녀들은 대지모신을 숭배하는 모계적 사회의 무녀, 산파, 예언자 등 생명과 치유와 미래에의 전망과 관련되어 있었을 뿐만 아니라, 임신, 출산, 육아, 음식 만들기, 농사일, 약초 캐기 등의 일상생활을 담당하는 직능자였습니다. 그러던 것이 기독교의 이교탄압 과정에서 왜곡된 악마적인 이미지를 강요받게 된 것이지요.

미야자키 감독은 이런 마녀의 본래적인 이미지를 그의 애니 속에서 되살리고자 했습니다. 실제로 그의 작품 속에는 마녀들에 대한 강렬한 동경이 일관되게 흐르고 있습니다. 예컨대 빗자루를 타고 하늘을 나는 전언자 키키를 비롯하여 인류의 미래를 태양과 관련시켜 예언하는 라나, 바람을 탈 수 있고 나무나 벌레(오무)와도 말을 나누는 나우시카, 주술적 힘을 지닌 고대문자를 아는 시타, 숲의 정령 토토로를 불러내고 식물을 성장시키는 사츠키와 메이, 동물들과 교감하는 숲의 수호처녀 산 등은 모두 마녀적 이미지를 내장한 소녀 캐릭터라 할 수 있습니다. 나아가 몬스리(「미래소년 코난」), 쿠샤나(「바람계곡의 나우시카」), 에보시(「원령공주」)와 같은 젊은 여성 캐릭터들도 자연을 지배하는 주술사로서의 마녀적 속성을 내포하고 있습니다. 뿐만 아니라 위대한 바바(「바람계곡의 나우시카」), 도라(「천공의 성 라퓨타」), 이웃집 할머니(「이웃의 토토로」), 무녀 히이(「원령공주」), 할머니로 변한 소녀 소피와 아레치의 마녀 및 사리만(「하울의 움직이는 성」) 등의 노파 캐릭터들 또한 마녀 혹은 마녀적 존재로 묘사되어 나옵니다.

이런 등장인물들은 공통적으로 고대적 여성원리의 부활을 시사합니다. 하지만 그런 여성원리의 부활이 단순히 남성원리의 부정을 뜻하지는 않습니다. 오히려 그것은 남성원리와 여성원리의 대립을 상대화시킴으로써 여성적 자립의 의미를 부각시킵니다. 이와 관련하여 「마녀 배달부 키키」에 나오는 아주 사소한 장면 하나만 들어 보지요 가령 원작 만화에는 키키의 리본이 까맣고 가느다란 리본으로 나오는데, 영화에서는 그것이 마녀에게는 어울리지 않는 크고 빨간 리본으로 바뀝니다. 이를 우연한 대체라고 그냥 보아 넘겨서는 안 될 것 같습니다. 평론가 무라카미 도모히코[村上知彦]는 이 장면에서 데즈카 오사무[手塚治虫]의 만화 「리본의 기사」를 떠올립니다. 이 만화는 양성구유적인 마음을 가지고 태어난 여왕 사파이어가 한편으로는 왕자로서 성장하여 나라를 지키기 위해 싸워야한다는 사명감과 다른 한편으로는 이웃 나라의 왕자에게 마음을 빼앗긴 공주로서의 사랑 사이에서 갈등하는 이야기를 그리고 있습니다. 여기서는 여성원리와 남성원리가 대립적인 것으로 묘사됩니다. 그런데 「마녀 배달부 키키」에서 남성원리는 학문과 기술에의 탐닉이라는 다소 어린애 같은 꿈의 영역에 속한 것으로 묘사되고 있습니다. 그것은 극복해야만 할 갈등의 대상이라기보다는 때때로 그곳으로 되돌아가고 싶어지는 꿈의 공간으로 설정되어 있지요. 다시 말해 미야자키적 페미니즘에서는 데즈카적 페미니즘과는 달리 여성원리와 남성원리가 대립적인 것으로 나오지 않습니다. 크고 빨간 리본의 대체는 바로 이 점을 시사한다는 겁니다.

우리는 소녀와 마녀 사이에서 미야자키 애니를 보며 울고 또 웃습니다. 선악의 피안인 그곳에는 숲이 있고 죽어가는 신이 있고 행방불명자가 있고 판타지가 있습니다. 그런데 가만히 생각해 보면 소녀도 마녀도 섹슈얼리티의 표지어입니다. 문예비평가 오스기 시게오에 의하면, 일본적 공간에 있어 리얼리티를 지탱하는 가장 중요한 요인은 섹슈얼리티라고 합니다. 좀 지나친 단정이라는 생각도 듭니다만, 섹슈얼리티에 대해 지극히 억압적인 기독교가 일본에 뿌리내리지 못했다는 점이라든가 혹은 『겐지모노가타리(原氏物語)』이래 일본문학이 '여성의 묘사'에 특권적 가치를 부여하고 강조해 왔다는 사실(최근에는 그렇지 않지만)을 염두에 두건대, 오스기의 진단이 전적으로 틀린 이야기만은 아닌 듯싶습니다.

나오는 ^말

오늘날의 일본문화는 폐쇄적이고 정체되어 있다. 그리하
여 만일 한국이나 중국 혹은 동남아시아 등지에서 보다 나
은 어떤 것이 나타나면 그것이 일본적인 것을 구축할 날이
올지도 모른다.

— 안노 히데아키

이 지적은 지금까지 살펴본 미야자키 애니의 현주소를 압
축적으로 잘 말해주고 있습니다. 미야자키 감독이 특히 「이웃
의 토토로」나 「원령공주」 및 「센과 치히로의 행방불명」 등에
서 이전과는 달리 특수한 일본적 감수성을 여과없이 직접 드
러내려 했던 동기도 정체된 일본문화에 대한 위기의식과 무관
하지 않았을 거라고 여겨지기 때문입니다. 물론 「이웃의 토토

로」 이전부터 그런 자의식이 없었던 것은 아닙니다. 하지만 대체로 우회적인 방식을 택하거나 혹은 보편적 정서에 호소함으로써 일본적 특수성을 여과시키려 했다는 점에서 분명한 차이를 보여줍니다. 흥미로운 것은 「하울의 움직이는 성」에서 다시금 이런 우회로를 선택했다는 점입니다. 어쨌거나 특수성과 보편성을 어떻게 조정하고 관리하느냐 하는 문제는 언제나 일본 지식인이 가지는 최대의 난제 가운데 하나였습니다.

이와 관련하여 미야자키 애니의 배가 어디로 흘러갈지 끝까지 그 향방을 지켜볼 일입니다. 물론 일본적 특수성의 암초에 걸려 좌초할 위험성도 전혀 배제할 수는 없을 것 같습니다. 예컨대 미야자키 애니는 감독 자신의 의도와는 상관없이 관객들로 하여금 인간(혹은 문화)과 자연(혹은 신)을 대립시키는 낡은 도식에 빠지게 만든다든가, 지나치게 '원시'를 이상화한다든가, 그의 판타지는 제국주의적 욕망을 은폐하고 있다든가, 결론이 대체로 애매한 공존과 화해로 끝난다든가, 선악의 피안적 윤리나 마코토[誠]의 정신 혹은 화(和)의 정신과 같은 일본인의 전통적인 윤리를 반영하거나 기껏해야 소녀문화와 같은 현대일본사회의 흐름에 편승하는 미야자키 애니는 별로 새로울 것이 없다든가 하는 비판을 받기도 하니까요. 물론 미야자키 애니가 역사와 사회에서 배제되어 온 여성, 자연, 신 등에 대해 깊은 공감을 표시해 온 것은 사실입니다.

그러나 가령 레비스트로스(C. Lévi-Strauss)가 '잃어버린 어떤 것'에 대한 짙은 향수로써 '원시'를 이상화하면서 원시인과 근대인, 서양인과 동양인 사이의 본질적인 구조적 차이를 인정하지 않았다는 점을 상기해 봅시다. 이런 레비스트로스에 비해 미야자키 감독은 비록 의도적은 아니라 할지라도 암암리에 일본적 가치의 우월성을 내세우거나 최소한 그것을 애매한 이중성으로 포장하고 있는 것은 아닌지요. 이를테면 나우시카나 치히로 같은 구제자 소녀의 캐릭터는 아무리 보아도 일본적인, 너무나 일본적인 속옷을 입고 있습니다. 그 소녀들에게는 겉옷은 서구적인 것으로 갈아입더라도 내면은 일본적 가치로 무장하라고 외쳤던 화혼양재(和魂洋才)적인 근대일본의 두 얼굴이 감추어져 있습니다. 게다가 미야자키 애니에서 이상화된 '원시'는 어디까지나 일본의 신도적 이상에 기초한 것으로서 일본적 특수성('일본은 다르다!'는 강한 자의식)의 베일로 드리워져 있습니다. 그러니까 '숲의 사상이 인류를 구한다'는 발상은 '신도의 사상이 인류를 구한다'는 주장과 별 다를 바 없고, 앞으로 지브리 스튜디오가 할 일은 신사를 많이 세우는 일이라는 미야자키 감독의 좀 애매한 메타포 또한 숲(자연)과 동심원적 파문을 그리는 '소녀가 일본을 구하고' 나아가 '일본적인 것이 인류를 구한다'는 숨겨진 기대감의 표출로 확대 해석될 만한 여지가 있다는 거지요.

물론 이런 식의 삐딱한 시선은 미야자키 애니에 대한 불필요한 오해와 오독에서 비롯된 것일 수도 있습니다. 하지만 그런 오독의 '위험성'을 감수해야만 할 이유 또한 분명합니다. 일본문화의 좋은 점을 많이 알면 알수록, 그래서 일본에 대한 애정과 관심의 깊이가 쌓이면 쌓일수록, 일본문화에 내장된 또 하나의 '위험성'에 대해서도 결코 무심할 수 없게 되기 때문입니다. 이렇게 미야자키 감독의 애니 코드 안에 숨어 있을지도 모를 위험성을 인식할 수 있을 때 비로소 우리는 그의 애니 세계가 보여주는 온갖 가능성과 통찰력을 '흐림 없는 눈으로' 대면할 수 있을 겁니다. 이런 가능성과 통찰력을 다음 몇 가지로 정리하면서 소녀와 마녀 사이의 여행을 마칠까 합니다.

첫째, 미야자키 애니는 독특한 여성 캐릭터의 창출을 통해 일본사회의 전통적인 역사와 미학 및 젠더의 한계를 해체하고, 엘리트주의와 남성중심주의에 지배되어온 일본사에 대항하는 측면을 가지고 있습니다.

둘째, 미야자키 애니는 문화적 다원주의의 비전을 제시합니다. 가령 사에키 준코에 의하면 「원령공주」는 리들리 스코트 감독의 영화 「블레이드 러너」와 마찬가지로, "타자의 존재를 어떻게 받아들이면 좋을까, 즉 이질적인 세계들이 서로 동화됨이 없이 각자의 영역을 확보하면서 융화적으로 공존하고 서로를 이해할 수 있을까 하는 문제의식을 공유하고 있다"는 겁니다. 따라서 미야자키 애니의 배경 무대는 주로 과거이지만 21세기에서도 핵심적으로 통용될 수 있는 중요한 문제를 다루고 있다는 거지요.

셋째, 미야자키 애니는 전통적인 일본윤리를 새롭게 재해석하고 있습니다. 그의 여성 캐릭터들은 마코토의 정신과 같은 일본적 윤리의 장점을 유지하면서 그 단점을 극복할 만한 가능성을 보여줍니다.

넷째, 미야자키 감독은 만화가 데즈카 오사무 및 영화감독 구로사와 아키라[黑澤明]와 마찬가지로 일본적인 특수성을 우주적인 보편성의 그릇에 담아 전달하는 데에 탁월한 장인이라 할 수 있습니다.

다섯째, 미야자키 애니는 현대일본사회의 변화를 읽을 수 있는 중요한 지표입니다. 1945년 패전 이후의 현대일본사회는 고도경제성장의 정점에 이른 1970년 전후 및 옴진리교에 의한 지하철 사린사건이 발생했던 1995년 전후를 기점으로 이상의 시대와 허구의 시대로 구분될 수 있습니다. 예컨대 데즈카 오사무의 만화세계와 구로사와 아키라의 영화세계가 이상의 시대(1945~1970)를 반영한다면, 허구의 시대(1970~1995)는 오시이 마모루[押井守]의 「천사의 알」과 「공각기동대」, 안노 히데아키[庵野秀明] 감독의 「신세기 에반겔리온」, 와타나베 준이치[渡邊淳一]의 소설 『실락원』, 무라카미 하루키[村上春樹]의 소설 『상실의 시대』와 『세상의 끝, 하드보일드 원더랜드』 등으로 대표되는 아이덴티티 부재의 감성 및 종말론적 불안이라는 에토스가 일본사회를 지배했습니다. 그래서 「신세기 에반겔리온」에 나오는 "모두 죽어버리면 좋을 텐데" 라는 말이 일본사회에 유행하기도 했지요. 이에 비해 미야자키 애니는 "살아라!"라는 「원령공주」의 대사가 상징하듯이, 허구의 시대 끝에서 일본의 새로운 아이덴티티를 모색하는 희망적인 고뇌로 가득 차 있다고 보여집니다.

참고문헌

기리도시 리사쿠, 남도현 옮김, 『미야자키 하야오론』, 열음사, 2002.

박규태, 『아마테라스에서 모노노케히메(원령공주)까지 : 종교로 읽는 일본인의 마음』, 책세상, 2001.

시미즈 마사시, 이은주 옮김, 『미야자키 하야오 세계로의 초대 : 모성과 카오스, 에로스의 판타지』, 좋은책 만들기, 2004.

오츠카 에이지 외, 최윤희 옮김, 『망가아니메 : 아톰에서 미야자키 하야오까지』, 열음사, 2004.

이나바 신이치로, 정윤아 옮김, 『미야자키 하야오의 나우시카를 읽는다: 유토피아란 무엇인가』, 미컴, 1999.

진 시노다 볼린, 조주현 외 옮김, 『우리 속에 있는 여신들』, 도서출판 또 하나의 문화, 1992.

황의웅, 『미야자키 하야오의 세계』, 예솔, 1997.

ユリイカ臨時增刊 『宮崎駿の世界』, 靑土社, 1997.

ユリイカ8月臨時增刊号 『宮崎駿 「千と千尋の神隱し」の世界 : ファンタジーの力』, 靑土社, 2001.

養老孟司編, 『Filmmakers⑥ 宮崎駿』, キネマ旬報社

靑井汎, 『宮崎アニメの暗號』, 新潮社, 2004.

梅原猛, 『森の思想が人類を救う』, 小學館, 1991.

河合隼雄, 『母性社會日本の病理』, 中央公論社, 1976.

土居健郎, 『甘えの構造』, 弘文堂, 1971.

村瀨學, 『宮崎駿の深みへ』, 平凡社, 2004.

Helen McCarthy, Hayao Miyazaki, *Master of Japanese Animation,* Stone Bridge Press, 1999.

Susan J. Napier, *Anime from Akira to Princess Mononoke : Experiencing Contemporary Japanese Animation*, Palgrave Macmillan, 2001.

애니메이션으로 보는 일본 소녀와 마녀 사이

펴낸날	**초판 1쇄 2005년 7월 15일**
	초판 6쇄 2018년 6월 11일

지은이	**박규태**
펴낸이	**심만수**
펴낸곳	**(주)살림출판사**
출판등록	**1989년 11월 1일 제9-210호**

주소	**경기도 파주시 광인사길 30**
전화	**031-955-1350 팩스 031-624-1356**
홈페이지	**http://www.sallimbooks.com**
이메일	**book@sallimbooks.com**

ISBN	**978-89-522-0408-0 04080**
	978-89-522-0096-9 04080(세트)

054 재즈

최규용(재즈평론가)

즉흥연주의 대명사, 재즈의 종류와 그 변천사를 한눈에 알 수 있도록 소개한 책. 재즈만이 가지고 있는 매력과 음악을 소개한다. 특히 초기부터 현재까지 재즈의 사조에 따라 변화한 즉흥연주를 중심으로 풍부한 비유를 동원하여 서술했기 때문에 재즈의 역사와 다양한 사조의 특징을 쉽게 이해할 수 있다.

255 비틀스

고영탁(대중음악평론가)

음악 하나로 세상을 정복한 불세출의 록 밴드. 20세기에 가장 큰 충격과 영향을 준 스타 중의 스타! 비틀스는 사람들에게 꿈을 주었고, 많은 젊은이들의 인생을 바꾸었다. 그래서인지 해체한 지 40년이 넘은 지금도 그들은 지구촌 음악팬들의 많은 사랑을 받고 있다. 비틀스의 성장과 발전 모습은 어떠했나? 또 그러한 변동과정은 비틀스 자신들에게 어떤 의미였나?

422 롤링 스톤즈

김기범(영상 및 정보 기술원)

전설의 록 밴드 '롤링 스톤즈'. 그들의 몸짓 하나하나는 우리가 생각하는 것보다 훨씬 더 탁월한 수준의 음악적 깊이, 전통과 핵심에 충실하려고 애쓴 몸부림의 흔적들이 존재한다. 저자는 '롤링 스톤즈'가 50년 동안 추구해 온 '진짜'의 실체에 다가가기 위해 애쓴다. 결성 50주년을 맞은 지금도 구르기(rolling)를 계속하게 하는 힘. 이 책은 그 '힘'에 관한 이야기다.

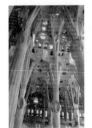

127 안토니 가우디 아름다움을 건축한 수도사

손세관(중앙대 건축공학과 교수)

스페인의 세계적인 건축가 가우디의 삶과 건축세계를 소개하는 책. 어느 양식에도 속할 수 없는 독특한 건축세계를 구축하고 자연과 너무나 닮아 있는 건축가 가우디. 이 책은 우리에게 건축물의 설계가 아닌, 아름다움 자체를 건축한 한 명의 수도자를 만나게 해 준다.

131 안도 다다오 건축의 누드작가

eBook

임재진(홍익대 건축공학과 교수)

일본이 낳은 불세출의 건축가 안도 다다오! 프로복서와 고졸학력, 독학으로 최고의 건축가 반열에 오른 그의 삶과 건축, 건축철학에 대해 다뤘다. 미를 창조하는 시인, 인간을 감동시키는 휴머니즘, 동양사상과 서양사상의 가치를 조화롭게 빚어낼 줄 아는 건축가 등 그를 따라다니는 수식어의 연원을 밝혀 본다.

207 한옥

eBook

박명덕(동양공전 건축학과 교수)

한옥의 효율성과 과학성을 면밀히 연구하고 있는 책. 한옥은 주위의 경관요소를 거르지 않는 곳에 짓되 그곳에서 나오는 재료를 사용하여 그곳의 지세에 맞도록 지었다. 저자는 한옥에서 대들보나 서까래를 쓸 때에도 인공을 가하지 않는 재료를 사용하여 언뜻 보기에는 완결미가 부족한 듯하지만 실제는 그 이상의 치밀함이 들어 있다고 말한다.

114 그리스 미술 이야기

eBook

노성두(이화여대 책임연구원)

서양 미술의 기원을 추적하다 보면 반드시 도달하게 되는 출발점인 그리스의 미술. 이 책은 바로 우리 시대의 탁월한 이야기꾼인 미술사학자 노성두가 그리스 미술에 얽힌 다양한 이야기를 재미있게 풀어놓은 이야기보따리이다. 미술의 사회적 배경과 이론적 뿌리를 더듬어 감상과 해석의 실마리에 접근하는 또 다른 시각을 제공하는 책.

382 이슬람 예술

eBook

전완경(부산외대 아랍어과 교수)

이슬람 예술은 중국을 제외하고 가장 긴 역사를 지닌 전 세계에 가장 널리 분포된 예술이 세계적인 예술이다. 이 책은 이슬람 예술을 장르별, 시대별로 다룬 입문서로 이슬람 문명의 기반이 된 페르시아 · 지중해 · 인도 · 중국 등의 문명과 이슬람교가 융합하여 미술, 건축, 음악이라는 분야에서 어떻게 표현되었는지 설명한다.

417 20세기의 위대한 지휘자 `eBook`

김문경(변리사)

뜨거운 삶과 음악을 동시에 끌어안았던 위대한 지휘자들 중 스무 명을 엄선해 그들의 음악관과 스타일, 성장과정을 재조명한 책. 전문 음악칼럼니스트인 저자의 추천음반이 함께 수록되어 있어 클래식 길잡이로서의 역할도 톡톡히 한다. 특히 각 지휘자들의 감각 있고 개성 있는 해석 스타일을 묘사한 부분은 이 책의 백미다.

164 영화음악 불멸의 사운드트랙 이야기 `eBook`

박신영(프리랜서 작가)

영화음악 감상에 필요한 기초 지식, 불멸의 영화음악, 자신만의 세계를 인정받는 영화음악인들에 대한 이야기를 담았다. 〈시네마천국〉〈사운드 오브 뮤직〉 같은 고전은 물론, 〈아멜리에〉〈봄날은 간다〉〈카우보이 비밥〉 등 숨겨진 보석 같은 영화음악도 소개한다. 조성우, 엔니오 모리꼬네, 대니 앨프먼 등 거장들의 음악세계도 엿볼 수 있다.

440 발레 `eBook`

김도윤(프리랜서 통번역가)

〈로미오와 줄리엣〉과 〈잠자는 숲속의 미녀〉는 발레 무대에 흔히 오르는 작품 중 하나다. 그런데 왜 '발레'라는 장르만 생소하게 느껴지는 것일까? 저자는 그 배경에 '고급예술'이라는 오해, 난해한 공연 장르라는 선입견이 존재한다고 지적한다. 저자는 일단 발레라는 예술 장르가 주는 감동의 깊이를 경험하기 위해 문 밖을 나서길 원한다.

194 미야자키 하야오 `eBook`

김윤아(건국대 강사)

미야자키 하야오의 최근 대표작을 통해 일본의 신화와 그 이면을 소개한 책. 〈원령공주〉〈센과 치히로의 행방불명〉〈하울의 움직이는 성〉이 사랑받은 이유는 이 작품들이 가장 보편적이면서도 가장 일본적인 신화이기 때문이다. 신화의 세계를 미야자키 하야오의 작품과 다양한 측면으로 연결시키면서 그의 작품세계의 특성을 밝힌다.

eBook 표시가 되어있는 도서는 전자책으로 구매가 가능합니다.

㈜살림출판사
www.sallimbooks.com
주소 경기도 파주시 문발동 522-1 | 전화 031-955-1350 | 팩스 031-955-1355